Perspektiven einer Sozialen Arbeit der Ermöglichung

Ulrich Glöckler

Perspektiven einer Sozialen Arbeit der Ermöglichung

Aspekte und Impulse
aus theoretischen Diskursen,
Forschung und Praxis

 Springer VS

Ulrich Glöckler
Technische Hochschule Nürnberg -
Georg Simon Ohm
Fakultät Sozialwissenschaften
Nürnberg, Deutschland

ISBN 978-3-658-15241-3   ISBN 978-3-658-15242-0 (eBook)
DOI 10.1007/978-3-658-15242-0

Die Deutsche Nationalbibliothek verzeichnet diese Publikation in der Deutschen National-
bibliografie; detaillierte bibliografische Daten sind im Internet über http://dnb.d-nb.de abrufbar.

Springer VS

Gedruckt auf säurefreiem und chlorfrei gebleichtem Papier

Springer VS ist Teil von Springer Nature
Die eingetragene Gesellschaft ist Springer Fachmedien Wiesbaden GmbH

Inhalt

1   Einleitung

Der Theoriediskurs zu den konzeptionellen Grundmustern Sozialer Arbeit entwickelt sich immer weiter weg von defizitorientierten und intervenierend-kontrollierenden Ansätzen. In der realen, häufig in den Routinen des Alltags befangenen und nicht selten von institutioneller Macht, ökonomischen Zwängen (vgl. Grunwald, K. 2014: 128) sowie manchmal auch gesetzlichen Ungereimtheiten geprägten Pragmatik Sozialer Arbeit, spielen letztere allerdings immer noch eine gewisse Rolle (vgl. Schrapper, Ch. 2014: 69). Das gilt vor allem hinsichtlich der Finanzierungsvoraussetzungen konkreter Maßnahmen. Es bleibt aber zu hoffen, dass bei einer kontinuierlichen Entfernung des theoretischen Diskurses von diesen Ansätzen neue Erkenntnisse zu Veränderungsprozessen führen: sowohl in einschlägigen Gesetzgebungsprozessen als auch in der praktischen Sozialen Arbeit. Die folgende Abhandlung soll dazu beitragen, indem sie eine Brücke zwischen neueren theoretischen Diskursen und innovativen Praxisansätzen schlägt. Sie baut auf dem von mir 2011 veröffentlichen Band zu einer Sozialen Arbeit der Ermöglichung auf und ergänzt die dort verfolgten Gedanken durch einen etwas stringenteren theoretischen Rahmen, empirische Befunde und konkrete Praxisansätze.

Die Tendenz, sich von defizitorientierten und intervenierend-kontrollierenden Ansätzen zu verabschieden, hat einen wichtigen Ursprung in der Entwicklung des lebensweltorientierten Ansatzes, vor allem durch Hans Thiersch. Lebensweltorientierte Soziale Arbeit, wie er sie im deutschsprachigen Raum bereits seit den achtziger Jahren des vergangenen Jahrhunderts formulierte und seither kontinuierlich weiterentwickelt, versucht die lebensweltlichen Verstehensmuster, die daraus resultierenden Sinnhorizonte und Weltsichten der betreuten Akteure/-innen zur Basis einer Sozialen Arbeit zu machen, die nicht lediglich die Anpassung ihrer Adressaten/-innen an gültige normative Orientierungen zum Ziel hat, sondern einen „gelingenderen" Alltag mit einem Mehr an selbstbestimmten subjektiven und kollektiven Gestaltungsmöglichkeiten anstrebt. Es geht also nicht nur um Alltagsbewältigung, sondern um mehr: um den „Aufbruch in ein angstfreies, freieres und selbstbestimmtes Leben" (Thiersch, H. 2011: 92). Es gilt in der „Bewältigung des Gegebenen weiterführende Möglichkeiten und Optionen" (ebd.) zu eröffnen.

Soziale Arbeit wird damit nicht mehr nur als Kompensationsinstrument di-
agnostizierter Defizite betrachtet. Sie wird vielmehr zur Wegbereiterin einer
durch ihre Adressaten/-innen selbst bestimmten und selbst verantworteten Entwicklung zu einem besseren Leben (vgl. Thiersch, H. 2015 a: 394 – 400).

Damit ist durch das Konzept der lebensweltorientierten Sozialen Arbeit im
deutschsprachigen Raum die konzeptionelle Wurzel für das gelegt, was hier als
Soziale Arbeit der Ermöglichung näherer Betrachtung unterzogen werden soll.

Etwa zur gleichen Zeit entwickelte der indische Ökonom Amartya Sen den
sogenannten „Capability Approach", in dem er verdeutlicht, dass gutes Leben
und Wohlergehen nicht ausschließlich durch wachsendes Bruttosozialprodukt
und Ausdehnung von Absatzmärkten erreichbar ist. Vielmehr würden Verwirklichungschancen und die angeeigneten Fähigkeiten sie zu nutzen, dafür eine zentrale Rolle spielen. Die zunächst schwerpunktmäßig ökonomische Dimension
wurde durch die intensive Auseinandersetzung Martha Nussbaums mit diesem
Ansatz um eine sozialphilosophische Dimension bereichert. Die Konsequenzen
dieses Ansatzes für eine gegenwartsbezogene Soziale Arbeit spielt heute im
deutschsprachigen Theoriediskurs eine große Rolle (vgl. etwa Otto H.-U./ Ziegler, H. 2008, Reutlinger, Ch. 2008, Sedmak, C./ Babic, B./ Bauer, R./ Posch, Ch.
2011, Vahsen, F. G. 2012/ 2013).

Darauf, dass es zwischen diesen beiden Ansätzen – nämlich der lebensweltorientierten Sozialen Arbeit und dem auf Wohlergehen und gutes Leben zielen-
den „Capability Approach" – viele Parallelen gibt, verweist Hans Thiersch sehr
einleuchtend (vgl. 2011: 90 – 94 und 2015 a: 394 – 400).

Mit dem letzteren Ansatz ist die zweite Wurzel einer Sozialen Arbeit der
Ermöglichung angesprochen. Eine dritte ist die Aneignungstheorie, die seit den
achtziger Jahren des vorigen Jahrhunderts in die Theoriedebatte der Sozialen
Arbeit einfließt und die Lernen als selbsttätigen Prozess beschreibt, der auch
jenseits der pädagogisch aufbereiteten Lebensbereiche vollzogen wird (vgl.
Glöckler, U. 1982). Dieser Theorieansatz hat zu einem Bildungsverständnis
beigetragen, das zunächst im Arbeitsfeld der Jugendarbeit und später in allen
weiteren Arbeitsbereichen Sozialer Arbeit ermöglichenden und Selbstverantwortlichkeit befördernden Charakter trägt (vgl. Deinet, U. 2014: 215 – 232; ders.
2004:175 -190; Spatschek, Ch. 2014: 113 -124).

Diese drei zentralen Wurzeln wurden ergänzt durch die Agency-Forschung,
also die Betrachtungen zu Handlungsmächtigkeit und Selbstwirksamkeit, die vor
allem durch Anthony Giddens´ Strukturationstheorie (1997) angeregt und beispielsweise durch Homfeldt, Schröer und Schweppe (2008) in die deutschspra-
chige Theoriediskussion der Sozialen Arbeit eingebracht wurde. Verwirkli-
chungs- und Gestaltungspotentiale sind immer auch an Machtverhältnisse in
Strukturen gebunden, daher ist Ermöglichung ohne den Blick auf die subjektive

Handlungsmacht betreuter Akteure/-innen nicht möglich. Auch der Aspekt der Handlungsfähigkeit spielt bei der Diskussion um Agency eine wichtige Rolle. Er wird beispielsweise bei Dorothee Geiger als theoretische Basis ihrer empirischen Studien zur Situation von geduldeten Flüchtlingen entfaltet (2016: 43-58).

So wird in der folgenden Abhandlung zunächst Soziale Arbeit der Ermöglichung als Erweiterung von Handlungsfähigkeit und Selbstbestimmungsmöglichkeiten betreuter Akteure/-innen dargestellt. Die Ausführungen Hans Thierschs, Maria Bitzans und Eberhard Bolays zur „Stimme des Adressaten" (2006) und die daran anknüpfenden Erläuterungen Bitzans und Bolays zum dialektischen Verhältnis zwischen den Rahmenbedingungen sozialer Institutionen einerseits und der individuellen Handlungsfähigkeit der betreuten Akteure/-innen andererseits (Bitzan, M., Bolay, E. 2013:35 – 52), bilden den Anfang des theoretischen Hintergrundes zur Interpretation späterer qualitativ-empirisch erhobener Daten.

Darauf aufbauend wird auf die wechselseitige Bedingtheit von Agency und einem selbstbestimmten Prozess psychischer Aneignung als aktiver eigenmotivierter persönlicher Entwicklungsprozess eingegangen werden.

Ergänzt wird dies durch die holzschnittartige Darstellung der Bedeutung des „Capability-Approach" für eine Soziale Arbeit der Ermöglichung, in dem der Focus vor allem auf Chancen der Verwirklichung selbstbestimmter Gestaltung von Lebenswirklichkeit gerichtet wird. Es wird dabei geklärt werden, in welchem Verhältnis materiell und institutionell strukturierte Möglichkeiten gesellschaftlicher Realität zu den individuellen Bedürfnissen und Handlungsbefähigungen betreuter Akteure/-innen stehen und wo innerhalb dieses Verhältnisses eine Ermöglichung selbstbestimmter Lebenspraxis ansetzen kann (vgl. Ziegler, H. 2011: 129 f.).

Neben dieser Thematisierung von in gesellschaftlichen Verhältnissen und lebensweltlichen Realitäten steckenden Verwirklichungschancen selbstbestimmter Lebenspraxis sollen gesellschaftlich bedingte Begrenzungen von Verwirklichungschancen und der partielle oder gesamte Verlust von Handlungsmacht und Selbstwirksamkeit ebenfalls ins Blickfeld rücken.

Es werden daher derartige Begrenzungen und Verlustsituationen anhand empirischer Erhebungen zum Verlust von Agency analysiert werden. Die Basis dafür bildet eine Untersuchung, die von Désirée Bender, Tina Hollstein und Lena Huber (2013) durchgeführt und publiziert wurde.

Danach wird erörtert, ob und wie eine Überwindung der Begrenzungen von Verwirklichungschancen und des Verlustes von Agency ermöglicht werden könnte.

Dazu werden auf der Basis der Ausführungen Peggy H. Breitensteins (2013) Foucaults Analysen diverser Machtkonstellationen erläutert und die Rolle von politischen Meinungs- und Willensbildungsprozessen zugunsten von Inklusion und Partizipation geklärt.

Begrenzungen von Verwirklichungschancen und der Verlust von Agency können sowohl durch gesellschaftliche Rahmenbedingungen als auch durch subjektive Faktoren ausgelöst werden. Daher wird nach der oben angeführten Untersuchung gesellschaftlich bedingter Begrenzungen von Handlungsmacht auf deren Verlust durch subjektive Faktoren eingegangen werden. Darauf aufbauend werden Möglichkeiten des Wiedererwerbs von Agency aus unterschiedlichen Blickwinkeln selbständiger psychischer Aneignung betreuter Akteure/-innen untersucht:

Dabei geht es zunächst um die Erschließung von Räumen der Aneignung. Es wird auf der Basis von Böhnisch und Schröer (2013) der „Ortszusammenhang von zugänglichen Möglichkeiten und einschränkenden Verwehrungen" untersucht.

Des Weiteren werden die Chancen des (Wieder-) Erwerbs von Agency und dem Ergreifen von Verwirklichungschancen durch Ermöglichung

- von Aneignungsprozessen in sozialen Vernetzungen (1),
- von Biografieaufarbeitung (2),
- der Entwicklung von antizipierten Wegen zur Zielerreichung (3),
- der Stärkung des Selbstbewusstseins (4) und
- von Teilhabe am gesellschaftlichen Leben (5)

erörtert. Dabei werde ich mich zu (1) auf Karl August Chassé (2004), zu (2) auf Winfried Marotzki (1999) sowie Angela Lacker-Pilch und Martina Pusterhofer (2005), zu (3) auf Hansjörg Herber und Eva Vasarhelvyi (2002) mit Bezug auf die Lewinsche Konzeption des Lebensraumes, zu (4) auf Godehard Brüntrup und Maria Schwartz (2012) sowie zu (5) auf Fabian Kessl (2013) beziehen.

Darauf aufbauend erfolgt eine Analyse des Verhältnisses von Agency zu selbstbestimmter Aneignung und Partizipation in Anlehnung an diesbezügliche Überlegungen von Matthias Grundmann (2010).

Diese Analyse bildet die Basis für die Skizzierung von Grundmustern eines für eine Soziale Arbeit der Ermöglichung geeigneten Konzeptes von Bildung, in dem durch eine individuelle Entfaltung, kulturelle, soziale und symbolische Ressourcen erschließende Aneignung den betreuten Akteuren/-innen Lebenschancen und Entfaltungspotenziale ermöglicht werden. Hier werden Gedanken von Hans Thiersch (2012: 92 ff) sowie Erörterungen Rainer Treptows (2012: 22-41) zu einem dafür adäquaten Bildungsverständnis einfließen.

Auf der Grundlage dieses theoretischen Interpretationshorizontes wird im zweiten Teil der Abhandlung eine qualitativ-empirische Studie mit einem auf der

„Grounded Theorie" (vgl. Jörg Strübing 2008) basierenden Forschungsdesign entfaltet. Experten/-innen, die auf jahrzehntelange Erfahrungen an der Basis und in Führungspositionen innerhalb unterschiedlichster Handlungsfelder Sozialer Arbeit zurückblicken und diese reflektierend und bewertend darstellen können, wurden zunächst mit dem in dieser Abhandlung entfalteten Interpretationshintergrund vertraut gemacht. In durch Videoaufnahmen dokumentierten und transkribierten dyadischen Fachgesprächen mit mir konnten Praxisansätze und Erfahrungen in ein Verhältnis zu den dargestellten Theorieansätzen einer Sozialen Arbeit der Ermöglichung gebracht werden. In einem sogenannten „Sampling" wurden dann prägnante gegenstandsadäquate Aussagen herausgefiltert und themenspezifisch zusammengestellt. Sie werden in dieser Abhandlung wörtlich zitiert und auf dem Hintergrund des theoretischen Rahmens interpretierend ausgewertet.

Zunächst werden Rahmenbedingungen von Ermöglichung problematisiert: subjektive Voraussetzungen seitens der professionellen Akteure/-innen und strukturelle Voraussetzungen auf der institutionellen und auf der gesellschaftlichen Ebene.

Es wird darüber hinaus das Spannungsverhältnis zwischen gesellschaftlicher Funktionszuweisung und professionellem Selbstverständnis thematisiert, der sich eine Soziale Arbeit der Ermöglichung immer wieder stellen muss. Geklärt wird auch die Frage, wo sich Schnittstellen zwischen einer Sozialen Arbeit der Ermöglichung und einer Politik der Partizipation befinden und welche diese sein können.

Insgesamt wird erörtert, wie es einer Sozialen Arbeit der Ermöglichung gelingen kann, Agency (wieder-)herzustellen und selbstständige Aneignungsprozesse durch Teilhabe am gesellschaftlichen Leben einzuleiten, um so betreute Akteure/-innen zu befähigen, Verwirklichungschancen in Richtung ihrer Persönlichkeitsbildung nutzen zu können: ihnen trotz beschämender und abwertender Erfahrungen, die sie zu Objekten degradierten, den Weg dahin zu ebnen, als Subjekte aktiv eigene Vorstellungen und Ziele umsetzen und ihr Leben gemeinsam mit anderen selbstbestimmt gestalten zu können. Den Weg also vom Objekt zum Subjekt. Ein Schwerpunkt liegt hierbei auf der Thematisierung ermöglichender Praxis im Arbeitsfeld der Sozialen Arbeit mit Menschen mit Behinderung. Denn die Umsetzung der UN-Behindertenrechtskonvention, die ja stark ermöglichende Aspekte fokussiert, sollte neben weiteren dringlichen gesellschaftspolitischen Aufgaben weiterhin im Auge behalten werden.

Im dritten Teil dieser Abhandlung wird – auf der Grundlage des im ersten Teil entwickelten theoretischen Hintergrundes – eine Auseinandersetzung mit Praxisansätzen einer Inklusion in der Kinder- und Jugendarbeit erfolgen. Der dabei formulierte Anspruch nach Heterogenität bezieht sich auf alle Kinder und Jugendliche: beispielsweise auf jene mit und ohne Behinderung, auf jene, die in Armut leben, auf jene, denen Kultur und Sprache noch fremd sind, auf jene, die materiell abgesichert sind und zusätzliche Verwirklichungsmöglichkeiten suchen etc.

Zunächst wird unter Bezugnahme auf Rudolf Stichweh (2013) und Uwe Becker (2015) der Begriff der Inklusion mit seinem Bezug zur Exklusion in seiner theoretischen und begrifflichen sozialwissenschaftlichen Bedeutung auf den theoretischen Hintergrund bezogen: ein kritischer Blick auf die Rahmenbedingungen und die inhaltliche Ausgestaltung dessen, was in dieser Abhandlung unter Inklusion verstanden werden soll.

Danach wird auf der Grundlage von Dannenbeck und Dorrance (2014) erörtert, inwiefern das Arbeitsfeld der Kinder- und Jugendarbeit eine gewisse Vorreiterstellung hinsichtlich der Verwirklichung von Inklusion in den Arbeitsfeldern Sozialer Arbeit zukommen könnte. In diesem Zusammenhang werden im Rückgriff auf meine diesbezügliche Studie (Glöckler, U.: 1999) bereits bestehende Angebote in der Kinder- und Jugendarbeit dargestellt, die durch die Beförderung von selbstbestimmter Aneignung, Selbstverwirklichung und sozialer Teilhabe Bildungsprozesse ermöglichen, welche ein hohes inkludierendes Potenzial in sich bergen. Insbesondere Sinne schulende und Fähigkeiten kultivierende Projekte der Jugendkulturarbeit werden hierbei im Fokus der Betrachtung stehen, da innerhalb dort generierter dialogischer Prozesse zwischen Wahrnehmung und ästhetischer Aktion Vielfalt ein in hohem Maße produktives Moment sein kann. Den teilnehmenden Kindern und Jugendlichen wird dadurch Kooperation und Partizipation ermöglicht; es wird an Selbstentwürfen und Sinnzusammenhängen gearbeitet.

Diesen positiven Aspekten werden mögliche Gefahren und Hemmnisse gegenübergestellt werden. Insbesondere wird unter Bezugnahme auf Uwe Becker (2015) ein Licht auf solche Maßnahmen gerichtet, die zwar als inklusive deklariert werden, sich aber als zu punktuell und potentiell stigmatisierend herauskristallisieren.

In diesem Zusammenhang wird auch auf die häufig postulierte stärkere Zusammenarbeit der Kinder- und Jugendarbeit mit der Regelschule eingegangen. Dabei wird ein Bezug zu den Forschungsergebnissen von Tina Alicke und Antje Eichler zum Thema Integration im schulischen Kontext (2015) hergestellt. Dort berichten sie u.a. über etikettierende Effekte befördernde Maßnahmen aus dem schulischen Kontext (98 f.) So wird gezeigt werden, dass – neben unbestreitbar positiven Aspekten – mit der o.g. Zusammenarbeit die Gefahr einhergeht, dass innerhalb einer von der schulischen Systemlogik geprägten Zusammenarbeit selbstwertfördernde und durch selbstbestimmte Aneignungsprozesse geprägte

Bildungsprozesse durch selektionsfördernde verdrängt werden könnten. Insofern wird der Beitrag solcher Prozesse zu mangelnder Anerkennung von Vielfalt und Reproduktion sozialer Ungleichheit entsprechend thematisiert.

Auf diesem Hintergrund wird die Notwendigkeit der Eigenreflexivität der pädagogischen Betreuungskräfte verdeutlicht: Innerhalb einer inklusiven Kinder- und Jugendarbeit muss die mögliche Produktion oder Reproduktion von Differenz und Ungleichheit immer wieder neu hinterfragt werden. Einen Teil des Bezugsrahmens dafür können Ausführungen in der Behindertenrechtskonvention bilden. Daher werden deren wichtigste Grundpfeiler unter Bezug auf Heiner Bielefeldt (2009) referiert und interpretiert: sowohl der Abbau physischer und mentaler Barrieren für Kinder und Jugendliche mit Behinderung, als auch das mit diesem Abbau verbundene innovative Potential für die Kinder und Jugendlichen ohne Behinderung stehen dabei im Fokus.

Um weitere Aspekte eines Bezugsrahmens für eine Reflexion eigener inklusiver Praxis der pädagogischen Betreuer/-innen aufzuzeigen, wird unter Bezugnahme auf Judy Gummich,(2004), Homi Bhabha (2000), Naika Foroutan und Isabel Schäfer, (2014) sowie Friederike Heinzel und Annedore Prengel (2012) eine Auseinandersetzung mit den Begriffen „Diversity", „Intersektionalität" und „Hybridität" erfolgen. Das Entstehen neuer Denk- und Handlungsmuster durch gegenseitige Wertschätzung und das daraus resultierende Erleben von Vielfältigkeit als Bereicherung wird in diesem Zusammenhang genauso thematisiert werden, wie die Fähigkeit der professionellen pädagogischen Betreuer/-innen, die Ressourcen der relevanten sozialen Räume als Ergänzung der eigenen inklusiven Arbeit zu erkennen und Grundlagen zielgerichteter Kooperationen – beispielsweise mit Elterninitiativen, Vereinen, Verbänden, Initiativ- oder Selbsthilfegruppen – zu schaffen.

Um Akzeptanz und Wertschätzung, zentrale Grundpfeiler inkludierender Angebote, innerhalb konkreter pädagogischer Handlungsansätze und Angebote umzusetzen, werden Anregungen von Janusz Korczak (1999) aufgegriffen sowie die dessen Werke interpretierenden und würdigenden Gedanken Friedhelm Beiners (2012) mit einbezogen. Beispielsweise werden Partizipation und Bemächtigung der Kinder und Jugendlichen durch Implementierung von regelwerkstiftenden Parlamenten, Kinder- und Jugendrechte schützenden Kollegialgerichten und Eigenrechte stärkende Selbstverwaltungsräte in Einrichtungen der Kinder- und Jugendarbeit vorgestellt werden.

Um Wege zu erschließen wie weitere Akzeptanz von Vielfalt generiert werden könnte, erfolgt eine kurze Auseinandersetzung mit der Ermöglichung der Erkenntnis nicht akzeptierter, zunächst aus dem Bewusstsein abgedrängter Persönlichkeitsanteile. Darüber hinaus soll beschrieben werden, wie die beteiligten Kinder und Jugendliche lernen können, diese Persönlichkeitsanteile allmählich für sich anzunehmen: die Stärken vermeintlicher Schwächen zu erkennen. Dabei wird auf Carl Gustav Jung (2001) zurückgegriffen und untersucht werden, inwieweit eine aktive und intensive Beschäftigung mit Kunst und Musik die jeweils eigene Selbsterkenntnis und Selbstakzeptanz verbessern kann. Aus der verbesserten Selbstakzeptanz ergibt sich dann, so wird gezeigt, eine bessere Akzeptanz der Anderen, da auch die Stärken ihrer vermeintlichen Schwächen erkannt werden können: eine gute Basis für Heterogenität.

Unter Bezugnahme auf den im theoretischen Teil referierten Capability-Approach wird auf die Förderung von „Functionings" eingegangen werden. Dabei wird der Frage nachgegangen, wie beispielsweise Beobachtungsfähigkeit, aktives Zuhören, entwickelter Tastsinn, grundlegende Kulturtechniken oder Bindungsfähigkeit weiterentwickelt werden können.

Des Weiteren wird die Ermöglichung vermehrter Verwirklichungschancen, also „Capabilities", beschrieben. Berücksichtigt wird dabei deren Spezifizierung in struktureller und persönlichkeitsentwickelnder Hinsicht durch Martha Nussbaum (2006).

Es wird mit Bezug auf Hans Thiersch (2015) und Rainer Treptow (2012) letztendlich darauf eingegangen, wie Kinder und Jugendliche – solche mit und jene ohne Behinderungen oder sonstigen Etikettierungen – im Rahmen einer Sozialen Arbeit der Ermöglichung zunehmend dahin gelangen, gemeinsam und sich selbstwirksam fühlend, einen eigenen Lebensplan zu schaffen: den Verlauf ihres Lebens – kritisch reflektierend – selbstbestimmt zu gestalten.

2 Theoretischer Hintergrund

2.1 Soziale Arbeit der Ermöglichung als Erweiterung von Handlungsfähigkeit und Selbstbestimmungsmöglichkeiten betreuter Akteure/-innen

Soziale Arbeit der Ermöglichung ist zunächst dadurch charakterisiert, dass deren Nutzerinnen und Nutzer als eigenständige Akteure/-innen betrachtet werden und im Zentrum des Interesses stehen, wie dies für eine zeitgemäße Praxis Sozialer Arbeit in der einschlägigen Fachdiskussion immer wieder postuliert wird (vgl. Graßhoff, G 2013: 9). Dazu gehört die Ermöglichung der Ausbildung, Wiederherstellung oder Steigerung von Handlungsmächtigkeit („Agency") und Handlungsfähigkeit dieser betreuten Akteure/-innen.

Um dies zu verwirklichen bedarf es zunächst entsprechender struktureller Voraussetzungen und Rahmungen sowie Kenntnisreichtum und Reflexionsfähigkeit der professionell Tätigen in allen ihren Handlungsfeldern.

Um die Chancen dazu innerhalb momentaner gesellschaftlicher und institutioneller Rahmungen fassbar zu machen, soll zunächst auf Maria Bitzans und Eberhard Bolays Analyse des wechselseitigen Verhältnisses zwischen der Ausgestaltung sozialer Institutionen einerseits und der Handlungsfähigkeit der betreuten Akteure/-innen andererseits eingegangen werden (vgl. Bitzan, M.; Bolay, E. 2013: 35-52).

Bolay und Bitzan beziehen sich dabei auf ihre zusammen mit Hans Thiersch veröffentlichte Studie zur „Stimme der Adressaten" (2006), in der die Perspektiven der betreuten Akteure/-innen, ihre Handlungsmöglichkeiten, aber auch die Begrenzungen ihrer Handlungsmacht thematisiert werden.

Der Prozess der Formung und Entwicklung des Selbst der betreuten Akteure/-innen sei, so Bitzan und Bolay, immer eingebettet in ein – mindestens potentielles – meist aber real existierendes Feld von Auseinandersetzungen zwischen den Interessen und Zielen der betreuten Akteure/-innen und „sozialpolitisch-institutionellen Definitionsprozessen" innerhalb der „Logik von Institutionen" mit ihrer „strukturellen Mächtigkeit" (Bitzan, M., Bolay, E. 2013: 41).

Im Rahmen dieser Auseinandersetzung sei das Potential an Handlungsmächtigkeit der betreuten Akteure/-innen begrenzt (a.a.O.). Weder die subjektive Handlungsweise der betreuten Akteure/-innen noch die genannten institutionell generierten Definitionsprozesse seien dabei jeweils allein dafür bestimmend, wer

zum/zur „Adressaten/-in" Sozialer Arbeit wird, vielmehr würden „unterschiedliche Deutungen, Zumutungen, Wahrnehmungen und Problematisierungen zu-
sammen(treffen), ohne dass sie immer zusammenpassen würden" (41). Daraus
könnten Widersprüche erwachsen, welche die betreuten Akteure bewältigen oder
zumindest aushalten müssten (a.a.O.).
    Für Bolay und Bitzan geht es nun darum, die „Machtstrukturiertheit dieser
Kräfteverhältnisse zu erschließen und darin die weniger dominanten Stimmen zu
stärken", also letztlich Handlungsfähigkeit und Selbstbestimmungsmöglichkeiten
betreuter Akteure/-innen zu erweitern (vgl. a.a.O.). Diese Stärkung „weniger
dominanter Stimmen" impliziert die Stärkung von Handlungsmächtigkeit
(„Agency") der betreuten Akteure oder – mit anderen Worten – deren weitest
gehende Ermöglichung (vgl. dazu auch Thiersch, H. 2015 b: 113-128)

2.2 Persönliches Wachstum betreuter Akteure/-innen als selbstbestimmter Aneignungsprozess durch Ermöglichung von Agency

Eine solche Ermöglichung von Agency heißt, die ihre Lebenslage kennzeich-
nenden sozialen, materiellen und kulturellen Handlungsspielräume der Akteure/
-innen (vgl. Böhnisch, L. 2011: 71) so zu erweitern, dass es ihnen möglich wird,
ihr eigenes Handeln auf die eigenen Ziele hin auszurichten und entsprechende
Handlungsstrategien entwickeln und umsetzen zu können. Dabei ist die Handlungsmächtigkeit der betreuten Akteure/-innen ebenso erforderlich wie deren
Handlungsfähigkeit, die sich auf der Basis von Handlungsmächtigkeit entwickeln kann. Handlungsfähigkeit als Resultat von Handlungsmächtigkeit ist daher
ein nicht zu vernachlässigender Gesichtspunkt von Agency und ein wichtiger
Faktor bei der Selbstwirksamkeit erfahrenden Gestaltung von Lebensumständen
durch betreute Akteure/-innen (vgl. Geiger, D. 2016: 43-58).
    Ermöglichung heißt also, gemeinsam mit betreuten Akteuren/-innen an der
„Strukturierung ihrer Lebensverhältnisse" (vgl. Thiersch, H. 2013: 20) zur Erweiterung von Selbstbestimmung und damit auch selbstbestimmter aktiver Aneignung zu arbeiten. Denn Selbstbestimmung ist gekennzeichnet durch einen
dialektischen Prozess, in dem sich selbstbestimmte Zielerreichung und der Vollzug dafür notwendiger Lernprozesse durch eigenständiges Handeln gegenseitig
bedingen. Ermöglichung von Agency ist also immer auch Ermöglichung selbstbestimmter Aneignung und umgekehrt: Die selbstbestimmte Handlung, welche
die Macht einschließt, den eigenen Zielen entsprechend handeln zu können, also
Agency, ist konstituierend für dauerhafte Motivation (vgl. Brüntrup, G./
Schwartz, M. 2012: 193). Über die „Macht" zu verfügen, eigene Aktivitäten an
eigenen Zielen und Vorstellungen ausrichten zu können beinhaltet also die

dauerhafte Motivation zur Aneignung jener Wissensbestände, Fähigkeiten und Fertigkeiten, die das Erreichen der auf dem Hintergrund von Lebensgeschichte und sozialer Einbettung selbst gesetzter Lebensziele gestattet. Dieser selbstbestimmte Aneignungsprozess wiederum ermöglicht Persönlichkeitswachstum. Der „Hunger" nach einem gelingenderen Alltag, wie ihn Hans Thiersch in Anlehnung an Bloch beschreibt (vgl. Thiersch, H. 2013: 21) kann in diesem Zusammenhang auch als die Sehnsucht nach persönlichem Wachstum in einem sozialen Zusammenhang, der Raum für eigene selbstbestimmte Gestaltung lässt, in dem die Akteure nicht den Verlust ihrer Agency erleiden, interpretiert werden. Für einen „gelingenderen Alltag" (ebd.) brauchen die Akteure mehr „Macht", eigene Handlungen an selbst gesetzten Zielen auszurichten, eine „Macht", die es ihnen erlaubt, *persönliches Wachstum als selbstbestimmten Aneignungsprozess zu erleben.*

2.3 Verwirklichungschancen und die Gestaltung der Lebenswirklichkeit: Die Bedeutung des „Capability-Approach" für eine Soziale Arbeit der Ermöglichung

Diese „Macht", nämlich Agency und damit auch diese selbstbestimmte Aneignung zu ermöglichen setzt voraus, so wurde deutlich, dass die „Betreuten" oder „Adressaten/-innen" Sozialer Arbeit nicht als hilfsbedürftige Objekte sondern als vielfältig motivierte Subjekte mit eigener Handlungsfähigkeit begriffen werden. Im Zusammenhang der Bedeutung des zunächst als entwicklungspolitisches Konzept konzipierten „Capability Approach" für die Soziale Arbeit wird dies seit geraumer Zeit intensiv in der einschlägigen Fachliteratur diskutiert.

Da es darüber mittlerweile auch im deutschen Sprachraum zahlreiche Veröffentlichungen gibt (z.B. die 2008 von Otto, H.-U. und Ziegler H. und 2011 von Sedmak, C./Babic, B./ Bauer, R./ Posch, Ch. herausgegebene Sammelbände), möchte ich jene Gedanken dieses Ansatzes, die für die vorliegende Abhandlung am wichtigsten sind, nur kurz und holzschnittartig skizzieren.

Dem Begründer dieses Ansatzes, Amartya Sen, geht es zentral um die Frage danach, was als gutes Leben bezeichnet werden kann. Im Vordergrund steht für ihn dabei nicht in erster Linie der materiell messbare Wohlstand, sondern vor allem die Frage nach den Möglichkeiten, Einfluss auf die eigene Lebenswirklichkeit nehmen zu können. Von zentraler Wichtigkeit sind für ihn dabei „capabilities". Im Kontext der Ausführungen Sens sollten sie – darin stimme ich sowohl mit Ortrud Leßmann (2011: 54 f.) als auch mit Holger Ziegler (2011: 128) überein – mit der Begrifflichkeit „Verwirklichungschancen" ins Deutsche übertragen werden. Die jeweiligen Verwirklichungschancen stehen bei Sen in

Verbindung mit den von ihm so bezeichneten „Functionings". Diese können in der deutschen Sprache im Sinne dieses Ansatzes als praktisch realisierbare „Tätigkeiten und Seinsweisen" (Ziegler, H. 2011: 128) bezeichnet werden. Diese „Functionings" umfassen sowohl angeeignete Techniken und Methoden als auch die einem Subjekt zur Verfügung stehenden Ressourcen: Die jeweils subjektive Aneignung ersterer geschieht auf der Grundlage konkret gegebener Lebensbedingungen und sie dienen dem Subjekt zur Nutzung letzterer. Diese „Functionings" können Handlungsmöglichkeiten innerhalb einer „eigenen Konzeption eines guten Lebens" (Ziegler, H. 2011: 128) generieren. Sie sind charakteristisch für das, „was ein Mensch tut oder ist" (Leßmann, O. 2011: 54). Dabei ist es „möglich, verschiedene Niveaus einer Funktion zu erreichen und verschiedene Kombinationen von Funktionen zu verwirklichen" (ebd.: 55). „Functionings" sind dabei als eine Kategorie der jeweiligen Gegenwart zu sehen. Dagegen sind „Capabilities" als Chancen der Verwirklichung stets als in die Zukunft gerichtete zu begreifen. Das entsprechende „Capability Set" ermöglicht dem Subjekt in seiner Zukunft, „Functionings" jeweils unterschiedlich zusammen zu stellen, um damit bestimmte Lebensweisen zu ermöglichen und entscheiden zu können, für welche dieser Lebensweisen es sich entscheidet (Sen, A. 1985: 13 f.). „Capabilities" als Verwirklichungschancen ermöglichen so die Wahlfreiheit des jeweiligen Subjektes hinsichtlich der Gestaltung seiner eigenen Lebenswirklichkeit (vgl. Sen, A. 1987: 36). Die Menge potenzieller Verwirklichungschancen, das sogenannte „Capability Set", ist dabei sowohl von materiellen Bedingungen als auch von persönlichen Eigenschaften geprägt. Die Verwirklichungschancen und die ermöglichte Wahlfreiheit tragen entscheidend zu dem bei, was Sen als ein gutes Leben bezeichnet (vgl. Sen, A. 1988: 269 ff).

In der Diskussion um den Capability-Approach spielt neben Amartya Sen, als Begründer des Ansatzes, die US-amerikanische Sozialphilosophin Martha Nussbaum eine zentrale Rolle. Sie greift seinen Ansatz auf und bearbeitet ihn unter sozialphilosophischen Gesichtspunkten. Nussbaum unterscheidet sich von Sen vor allem dadurch, dass sie versucht, aus der Analyse von Lebenssituationen heraus universell gültige grundlegende Voraussetzungen für ein gedeihendes, florierendes („flourishing") Leben zu bestimmen (vgl. Nussbaum, M. 2006: 78). Daraus entwickelt sie sozusagen eine Liste von „Basic-Capabilities" (Ziegler, H. 2011: 131). „Sozialpädagogisch relevante Aspekte dieser Liste reichen von der Befähigung zur Ausbildung sensorischer Fähigkeiten und grundlegender Kulturtechniken über die Möglichkeit und Fähigkeit zu Bindungen mit anderen Menschen bis hin zur Befähigung zur Ausbildung praktischer Vernunft und einer eigenen revidierbaren Konzeption eines gelungenen Lebens im Wissen um die eigenen Umstände und Wahlmöglichkeiten" (Ziegler, H. 2011: 132).

Friedhelm G. Vahsen sieht in seiner Abwägung von Chancen und Grenzen des Capability Approach seine Offenheit vor allem in der Sichtweise Sens als große Stärke des Ansatzes. Doch stehe diese Offenheit „auch für eine gewisse Beliebigkeit" (Vahsen, F.G. 2012: 324). Die Liste Martha Nussbaums gebe dagegen einen festen Rahmen vor, dabei gerinne jedoch der Capability Approach in der Variante Nussbaums „zu einem Moralkodex, der universelle Gültigkeit beansprucht" (322).

Vahsen regt an, die Offenheit Sens und die Geschlossenheit Nussbaums im Sinne gerechter und würdiger Lebensbedingungen auszubalancieren (324).

Beiden, Sen und Nussbaum, ist das Bestreben gemeinsam, in möglichst breiten Bereichen gesellschaftlicher Wirklichkeit, global und regional, politisch, wirtschaftlich und kulturell, Bedingungen zu schaffen, die dazu beitragen sollen, auch nicht privilegierten Menschen eine Vielzahl an Verwirklichungschancen hinsichtlich der Gestaltungsmöglichkeiten ihrer Lebenswirklichkeit zu ermöglichen.

Sehr treffend wird dies von Holger Ziegler ergänzt: Die Perspektive des Capability-Approach verlange „den materiell und institutionell strukturierten Raum gesellschaftlicher Möglichkeiten zu einem akteursbezogenen Raum individueller Bedürfnisse und Handlungsbefähigungen mit Blick auf die *Ermöglichung einer selbstbestimmten Lebenspraxis* (Hervorhebung: U.G.) in Beziehung zu setzen (2011: 129 f.)

2.4 Verlust von Agency und Begrenzungen von Verwirklichungschancen durch gesellschaftliche Rahmenbedingungen

Ein solche „relationale Perspektive" (a.a.O.), die gegebene gesellschaftliche Rahmenbedingungen in Beziehung zu subjektiven Verwirklichungschancen, Agency und Seinszuständen betreuter Akteure/-innen setzt, um Perspektiven einer sozialen Arbeit der Ermöglichung selbstbestimmter Lebenspraxis herauszuarbeiten, legt nahe, neben Chancen im Sinne von „Capabilities" auch gesellschaftlich bedingte Begrenzungen zu analysieren. Denn „die Antagonismen zwischen den Gesellschaften und Kulturen" so der oben bereits zitierte Vahsen in seiner Auseinandersetzung mit dem Capability Approach, „nehmen eher zu, als dass sie sich den Kriterien eines würdigen Lebens beugen würden" (Vahsen, F. G. 2012: 321 f.). „Strukturen und Folgen der Informations- und Netzwerkgesellschaft" (321) oder soziale, kulturelle und technische Beschleunigungsprozesse (vgl. ebd.) ließen sich hier anführen.

Die Analyse von Grenzen und Begrenzungen könnte mit Hilfe geeigneter Untersuchungsinstrumente jeweils konkret heruntergebrochen werden auf kon-

krete Fallrekonstruktionen. So könnten Grenzen der Erweiterung von Handlungsspielräumen in einem wechselseitigen Prozess von deduktiven und indukti-
ven Verfahren deutlich werden. Dabei wären sicherlich Differenzierungen innerhalb unterschiedlicher geopolitischer Verhältnisse und gesellschaftspolitischen
Formationen feststellbar. Auch Sozialisations- und Individuierungsprozesse der
jeweiligen von Sozialer Arbeit betreuten Akteure/-innen würden hierbei eine
wichtige Rolle spielen.

Ein solches aufwendiges Forschungsvorhaben würde den Rahmen des hier
zur Debatte stehenden Projektes allerdings sprengen.

Einige konkrete Grenzen und Begrenzungen sollen in diesem Rahmen dennoch exemplarisch Erwähnung finden.

- So wird die Ermöglichung der Erweiterung von Handlungsspielräumen zu
  mehr Selbstbestimmung und selbstbestimmter Aneignung beispielsweise
  begrenzt durch beschränkte Zugangsbedingungen zum Arbeitsmarkt (z.B.
  mangelnde Anerkennung qualifizierter ausländischer Ausbildungsabschlüs-
  se und/oder schulischer Qualifikationen).
  In diesem Zusammenhang konstatieren Bender D./Hollstein T./Huber L.
  (2013) auf der Basis der von ihnen durchgeführten Untersuchungen zum
  Verlust von Agency bei Migranten/-innen:

  „So wirken sich beispielsweise die deutschen Praktiken der Nicht-Anerkennung von
  im Ausland erworbenen Bildungsqualifikationen oder des bestehenden ´Inländer-
  primats´ oftmals langfristig nachteilig auf die Chancen zur Partizipation am Arbeitsplatz aus." (265).

- Eine weitere Begrenzung der Erweiterung von Handlungsspielräumen zu
  mehr Selbstbestimmung und selbstbestimmter Aneignung ist durch den
  Verlust von Agency durch bürokratische Auflagen gegeben.
  Auch dazu gibt es Ergebnisse aus den oben zitierten Forschungen:

  „Die empirischen Beispiele zeigen, dass insbesondere die mit einem *unsicheren
  Aufenthaltsstatus* verbundenen rechtlichen Restriktionen so weitreichend sind, dass
  sie sämtliche Lebensbereiche tangieren und das eigene Handlungspotential unter-
  graben können. Beginnend mit der Unterbringung in Flüchtlingslagern wird dieser
  Zusammenhang mit dem Erleben des Verlustes von Agency in folgendem Ausschnitt verdeutlicht: ´Eine Woche in die Lager wieder andere Lager von andere Lager von eine Woche mit Bus weiß net weiß net diese Stadt ich kenn net aus ich kann
  net alleine laufen überhaupt net und nachdem eine Woche da kommt die Bus und
  gebracht nach X.(nennt eine deutsche Stadt) ist große Lager wir ham eine Monat
  gewartet und nach eine Monat es kommt eine Bus wieder´.

In diesem Zitat von Amaré Issayu verweisen mehrere Marker auf das Gefühl der Handlungsohnmacht: Passivkonstruktionen, von einem Lager zum nächsten `gebracht´ zu werden, ohne Möglichkeiten der Einflussnahme und zu wissen wohin, ebenso wie die Formulierungen `ich weiß net diese Stadt´ und `ich kann net alleine laufen überhaupt net´ bei denen das Erleben mangelnden Wissens mit dem Erleben von Orientierungslosigkeit und damit einhergehend verhinderten Handlungsoptionen in Verbindung steht, sind beispielhaft. In diesem Zusammenhang fällt das absolute Moment dieses Erlebens auf (`überhaupt net´) ... Mit der Folge, dass die fehlenden Möglichkeiten selbstständigen Handelns zur Verfolgung eigener Ziele nicht durch soziale Ressourcen kompensiert werden können und der Akteur sich handlungsohnmächtig fühlt" (ebd.: 265 f.).

Weitere Begrenzungen von Handlungsspielräumen und selbstbestimmter Aneignung durch den Verlust von Agency sind durch Restriktionen im Zusammenhang mit Arbeitsprozessen bedingt.

Auch hierzu ein Zitat aus der o.g. Untersuchung:

„ ´...da mussten wir bei der Gemeinde schaffen für 1,50 Euro damals gut wir han keine Chance gehabt [...] wir han alles gemacht jeden Tag die holen uns mit Auto ab und wir schaffen den ganzen Tag halbe Stunde Pause und dann abends die brachten uns wieder nach Hause...´ (266)

Auf den Verlust von Agency verweisen die wiederholten Passivformulierungen wie z.B. `die han gegeben´ , `wir han zu schaffen gekriegt´ in Verbindung mit der geschilderten Auswegslosigkeit `wir han ja überhaupt keine Chance´, `wir mussten´, `wir han alles gemacht´.

Inhaltlich wird deutlich, dass der Verlust von Agency nicht bedeutet, dass nicht gehandelt wird, sondern dass dieses von den Betroffenen als *fremdbestimmt* (und nicht als selbstinszeniert und eigenes Wollen) *erlebt* wird. In diesem Zusammenhang zeigt sich, dass Agency nicht nur die praktischen Handlungsmöglichkeiten tangiert, sondern auch zentral den Selbstwert, die Würde, Hoffnung und Zukunftsvorstellungen betreffen kann. Der Lebensverlauf wird hier als schicksalhaft, die Einflussnahme auf das eigene Leben unter diesen Bedingungen als unmöglich erlebt...." (ebd.: 266).

2.5   Analyse von Machtkonstellationen – politische Meinungs- und Willensbildungsprozesse zugunsten von Inklusion und Partizipation

In dem durch diese Beispiele umrissenen Bereich des Verlustes von Handlungsmacht der betreuten Akteure erscheint die Konstituierung einer ermöglichenden Dimension Sozialer Arbeit äußerst schwierig.

Sollen dennoch Ansätze einer solchen generiert werden, kann eine Analyse der den Situationen zugrundeliegenden Machtkonstellationen hilfreich sein. Eine mögliche Basis solcher Überlegungen kann die Auseinandersetzung Michel Foucaults mit dem Begriff der Macht liefern. Von besonderem Interesse ist hierbei der von ihm hervorgehobene Gegensatz von „Machtbeziehungen und Herrschaftszuständen" (Breitenstein, P. H. 2013: 205). Eine Machtbeziehung (relation de pouvoir) konstituiert sich „durch wechselseitig induzierte und aufeinander reagierende Handlungen" (ebd. 204). Durch diese Handlungen versucht eine Person das gegenwärtige oder zukünftige Handeln des Beziehungspartners zu beeinflussen (vgl. a.a.O.). „Foucault grenzt vor diesem Hintergrund von der Macht begrifflich einerseits den Konsens und andererseits die Gewalt ab: Beide markieren gewissermaßen die Grenzen der Machtbeziehungen. Konsens bedeutet einen freiwilligen Verzicht auf die Freiheit der Wahl von Handlungsoptionen, was der für Machtbeziehungen konstitutiven Freiheit und Widerstandsfähigkeit widerspricht. Durch Gewalt hingegen werden – ebenfalls im Gegensatz zur Machtrelation – alle Handlungsmöglichkeiten abgeschnitten" (ebd.: 204 f.). Gewalt ist hierbei also durch das Beschneiden aller Handlungsmöglichkeiten definiert, bezieht also auch strukturell bedingte Beschneidungen von Handlungsmöglichkeiten mit ein.

Dagegen erlauben symmetrische Machtbeziehungen den daran beteiligten Beziehungspartnern jeweils eine Palette von Handlungsoptionen und Widerstandsmöglichkeiten, mit denen sie die Handlungen der jeweils anderen Person beeinflussen können: einer Macht steht eine Gegenmacht gegenüber.

Durch tatsächliche Gewaltausübung und/oder struktureller Gewalt geprägte asymmetrische Machtbeziehungen sind dagegen von einseitiger Machtausübung geprägt. Solche Verhältnisse bezeichnet Foucault als „Herrschaftszustände" (ebd.: 205).

„Letztere sind Zustände beispielsweise ökonomischer, sozialer, institutioneller Herrschaft, in denen Machtbeziehungen derart verfestigt sind, dass sie *auf Dauer* asymmetrisch sind, also nicht reversibel und instabil" (ebd.: 205).

Solche Herrschaftszustände bedeuten für alle diejenigen, die nicht „herrschen" den Verlust an Agency. Deren Wiederherstellen ist den Akteuren innerhalb dieses Zustandes auch durch Zuwachs an Fähigkeiten oder Fertigkeiten, mit Sen „Functionings", nicht möglich. Herrschaftszustände nach Foucault verweisen auf den Bereich politischer und staatlicher Strukturen, auf „institutionalisierte und legitime Formen der subjektivierenden Unterwerfung *(assujettissement)*" (ebd.: 206). Problemlagen erscheinen in diesem Zusammenhang als subjektive, sind aber die Konsequenz von Herrschaftszuständen, ausgelöst durch gesellschaftlich und staatlich bedingte strukturelle Gewalt, und können in der Regel nur auf der Ebene politischer Meinungs- und Willensbildungsprozesse und damit verbundener Entscheidungen in Hinblick auf mehr gesellschaftliche Inklusion und Partizipation aufgelöst werden. Dies trifft auf die oben beschriebenen Bereiche der Begrenzung von Agency und Ermöglichung der Erweiterung von Verwirklichungschancen zu.

2.6 Begrenzungen von Verwirklichungschancen und Verlust von Agency durch subjektive Faktoren

Daneben gibt es auch Bereiche, in denen die Akteure ihre Agency verlieren oder bedroht sind, sie zu verlieren, die Begrenzungen jedoch durch Implementierung entsprechender Aneignungsprozesse abbaubar sind.

Dies ist beispielsweise gegeben, wenn

- die Schwierigkeiten dadurch bedingt sind, dass kulturelle Gepflogenheiten nicht oder unzureichend bekannt sind: Das kann verschiedene Konsequenzen haben. Eine wäre z.b. dass ein Akteur/ eine Akteurin die Formen der Höflichkeit oder des Benehmens nicht kennt, sich daher ständig „daneben benimmt" und sich so Zugangsmöglichkeiten zu einem Arbeitsplatz ständig „verbaut" oder wenn die Begrenzungen durch sprachliche Möglichkeiten begründet sind. Hieraus können ebenfalls zusätzliche Barrieren hinsichtlich der Zugangsmöglichkeiten zum Arbeitsmarkt entstehen.

Auch hierzu ein Beispiel aus den o.g. genannten Untersuchungen:

„`... ich dachte damals ich lerne die Sprache sechs Monaten (lacht) und dacht ich mal ja ich komme hier her einfach gehe an die Uni bestimmt such ich mir einen Job oder so was ... als ich hier kam konnt ich nur englisch und meiste sprechen nur deutsch und wenn du einen Job haben möchtest kannst du auch nicht auf Englisch nur jeden Tag redn´

In diesem Zitat deutet sich der Verlust des Erlebens von Handlungsmächtigkeit an, da nicht wie erwartet, d.h. den eigenen Vorstellungen und Plänen nach, agiert werden kann. So ging Cira Perez davon aus, sowohl schnell die deutsche Sprache zu lernen, als auch bald nach ihrer Migration eine Arbeitsstelle zu finden" (Bender, D./ Hollstein, T./ Huber, L. 2013: 263).

2.7 (Wieder-) Erwerb von Agency und Ergreifen von Verwirklichungschancen

2.7.1 ... durch Ermöglichung der Erschließung von Räumen der Aneignung

In diesen Bereichen stehen die Chancen für eine Soziale Arbeit der Ermöglichung besser als in den primär erwähnten, wenn es gelingt, gemeinsam mit den Betreuten Rahmenbedingungen entsprechender Aneignungsprozesse zu gestalten. Dazu gehört es, betreute Akteure/-innen darin zu unterstützen, sich geeignete Räume für die jeweiligen Aneignungsprozesse zu erschließen. Dabei geht es sowohl um vielfältig (z.b. pädagogischen oder sozialen Ansprüchen gemäß) gestaltbare Räume im physikalischen Sinne als auch um gelebte und erlebte weiter gefasste Territorien im geografischen Sinne (vgl. Glöckler, U. 1988: 78-88).

Wenn betreute Akteure innerhalb dieser Räume Handlungen entfalten, erfahren sie diese als jeweiligen „Ortszusammenhang von zugänglichen Möglichkeiten und einschränkenden Verwehrungen" (Böhnisch, L./ Schröer, W. 2013: 1). Durch gemeinsame Handlungen als soziale Akte innerhalb dieser „Ortszusammenhänge" werden diese gemäß der „Wissenschaftstradition der Soziologie seit Georg Simmel (1908)" (ebd.) zu sozialen Räumen.

Diese sozialen Räume bilden eine wichtige Grundlage für Aneignungsprozesse der betreuten Akteure/-innen, in dem sie sich in der Auseinandersetzung mit Subjekten und Objekten der sozial-räumlichen Umgebung die in deren symbolischen Bedeutungen enthaltenen Wissensbestände aneignen (vgl. Glöckler, U. 1988: 36-44). „Die Gegenstände der räumlichen Umwelt – auch wenn sie längst erbaut und gestaltet sind – erfahren ihre zweite, je individuelle Produktion in den Menschen selbst, die ihnen gegenübertreten ... In diesem Aneignungsprozess verwandelt sich die scheinbar tote sozialräumliche Welt der Gegenstände in ein je individuelles sozialräumlich-personales Erlebnissetting." (Böhnisch L.; Schröer, W. 2013: 1).

2.7.2 ... durch Ermöglichung von Aneignungsprozessen in sozialen Vernetzungen

In Verbindung mit diesem sich auf materielle Gegenstände beziehenden Aneignungsverhalten steht jenes, das sich auf Personen, auf das personale, vor allem das soziale Umfeld und insbesondere auf soziale Vernetzungen bezieht. Entscheidend sind dabei „wechselseitige Bezugnahmen" (ebd.: 2), die sich auf die Erweiterung der Handlungsfähigkeit und damit auch der Handlungsmächtigkeit positiv auswirken können (vgl. a.a.O.). Zu den Spezifika dieses auf soziale Netzwerke gerichteten Aneignungsverhaltens gehört die Aneignung der „reflexiven Fähigkeit zur Übernahme der Perspektive anderer" (a.a.O.). Damit wird deutlich, dass Aneignung kein rein individueller Prozess ist, sondern immer auch auf das soziale Miteinander in sozialen Vernetzungen verweist. Michael May bringt den Zusammenhang zwischen sozialer Vernetzung, selbstbestimmter Aneignung und Selbstverwirklichung auf den Punkt, in dem er konstatiert: „Aneignung als menschliche Selbstverwirklichung nimmt ... überall da ihren Anfang, wo Menschen gemeinschaftlich beginnen, ihre menschlich gesellschaftlichen Vermögen zu verwirklichen und so in entsprechend elementaren Situationen die unterdrückte ... menschliche Sinnlichkeit zu sich selbst kommt" (2004: 67f.).

Die Ermöglichung von Verwirklichungschancen sieht May also nicht als eine lediglich auf einzelne Subjekte bezogene. Er macht deutlich, dass echte menschliche Verwirklichung immer im gesellschaftlich eingebetteten sozialen Kontext geschieht und damit die zur Verwirklichung führenden Aneignungsprozesse immer innerhalb dieser sozialen Vernetzungen zu betrachten sind.

Diesem Aspekt widmet sich auch Karl August Chassé, indem er soziale Netzwerke sowohl als „Gegenstand" als auch als „Vermittler" von Aneignungsprozessen sieht (vgl. 2004: 154). Bereits in den vielfältigen Aneignungsprozessen im Kindesalter weisen soziale Netzwerke, so Chassé, über die engere Familie hinaus und ermöglichen außerhalb dieser „Bindungen und Gefühle". Sie bilden so die Basis für weitergehende Erfahrungen in der entsprechenden Lebenswelt, die so für die zu vollziehenden Aneignungsprozesse erschlossen wird. Soziale Netze können, so Chassé weiter, „eine Brückenfunktion wahrnehmen, in dem sie dem Kind Erfahrungen und Zugang zu Sozialräumen ermöglichen, die ihm ohne diese Vermittlung nicht zugänglich würden" (2004: 154 f.). Dies lässt sich auf spätere Lebensphasen übertragen.

Aneignungsprozesse generieren sich also im sozialen Kontext, wie beispielsweise in Familien oder parallel zu ihnen existierenden, respektive über diese hinausweisenden, sozialen Netzwerken. Sie bilden die Grundlage für die darin stattfindende soziale Interaktion und damit für Handlungsfähigkeit in diesen Kontexten: damit generieren sie Handlungsmacht.

2.7.3 ... durch Ermöglichung von Aneignung in Biografieaufarbeitungsprozessen

Daneben spielt im persönlichkeitsbildenden Aneignungsprozess auch „die Einordnung von Zeiten, Erfahrungen und sozialen Gegebenheiten in das eigene

Leben" (Böhnisch L.; Schröer, W. 2013: 5) eine wichtige Rolle. Der Pädagoge Winfried Marotzki hat dies in einem theoretischen Ansatz aufgearbeitet und beschreibt diesen Prozess als „Biografisierung" (1999: 109-133). Innerhalb dieser können Rahmenbedingungen reflektiert und gegebenenfalls im Zusammenhang neuer Entwicklungen umstrukturiert werden, indem die betreuten Akteure/ -innen auf ihre biografisch gewachsenen und durch Biografisierung bewusst gewordenen Ressourcen zurückgreifen können (vgl. Böhnisch L.; Schröer, W. 2013: 6). „Orientierungsleitend ist dabei ... das Streben nach Handlungsfähigkeit – Selbstwert, Anerkennung und Selbstwirksamkeit..." (a.a.O.). Dabei kann das Gefühl von Selbstwirksamkeit als psychologische Entsprechung von „Agency", also Handlungsmacht, gesehen werden; gesteigerte Handlungsfähigkeit und verbessertes Selbstwertgefühl als deren Konsequenz.

Angela Lacker-Pilch und Martina Pusterhofer sprechen auf der Grundlage Marotzkis Theorie der Biografisierung vom „biografischen Raum" (2005: 279-293). Dass dieser weit über einen physikalisch abgrenzbaren Begriff des Räumlichen hinausgeht wird klar durch ihre Erläuterungen:

> „Der biografische Raum ist v. a. ein Erfahrungsraum, in dem BiografieträgerInnen relevante Ereignisse und Erfahrungen wahrnehmen ... und in dem sie diese Erfahrungsbestände in das biografische Wissensgebäude einordnen und strukturieren" (Lackner-Pilch A. /Pusterhofer M. 2005: 282).

Böhnisch und Schröer konstatieren eine Aneignungstätigkeit innerhalb dieses biografischen Raumes und reden sogar von einem „biografischen Aneignungsprinzip" (Böhnisch, L.; Schröer, W. 2013: 5).

2.7.4   *... durch Ermöglichung der Entwicklung von antizipierten Wegen zur Zielerreichung*

Wie der „biografische Raum" geht auch der bereits von Lewin konstatierte „Lebensraum" über die physikalisch definierbare Räumlichkeit hinaus.

Dieser Lebensraum bildet die Basis für das Erleben und Verhalten einer Person und kann als psychisches Kraftfeld gesehen werden. In Analogie zu physikalischen Kräften geht Lewin also von psychischen Kräften aus, die in einem psychischen Raum, also dem Lebensraum, wirken. Dabei gibt es, wiederum in Analogie zum physikalischen Raum, abgrenzbare Bereiche, Regionen. Manche liegen dabei enger beieinander, andere sind weiter voneinander entfernt. Um in eine weiter entfernte Region zu gelangen ist der psychische Kraftaufwand höher, als derjenige, der zum Erreichen einer benachbarten Region nötig wäre (vgl. Herber, H./Vasarhelvyi, E. 2002: 23 f und 31 ff).

Inneres Erleben, Gefühle, Motivationen etc. sind dabei eng verbunden mit der psychischen Bewegung im Lebensraum, die Lewin als „Lokomotion" bezeichnet und damit auch von der jeweiligen Position darin: Die psychologische Feldtheorie „modelliert das Auftreten von Wirkungen in Abhängigkeit von der Position im Lebensraum" (ebd.: 23).

Alle für eine Person zu einem bestimmten Zeitpunkt psychisch relevanten Belange sind dabei Teil des Lebensraumes und können die Lokomotionen beeinflussen. Dazu gehören auch diejenigen Aspekte der Vergangenheit, die gegenwärtige Befindlichkeiten, Wissensbestände, Gefühle etc. prägen. Auch die antizipierte Zukunft spielt dabei eine erhebliche Rolle, da sie die gegenwärtigen Absichten prägt.

Jede Lokomotion entspricht „einer Veränderung der Persönlichkeit, ihrer Person- und Umweltregionen" (32). Sie erfordert psychische Kraft, die sich aus der Spannung zwischen den verschiedenen Regionen im Lebensraum ergibt. „Es können auch mehrere Kräfte gleichzeitig – gleich- oder gegensinnig – wirken und eine bestimmte Veränderungsresultante ergeben" (ebd.).

Eine wichtige Rolle spielt dabei das Verhältnis, in welchem die unterschiedlichen Regionen des psychischen Kraftfeldes zueinander stehen. Einige Regionen werden vom Subjekt als angenehm empfunden andere als weniger angenehm. Von den als angenehm empfundenen Regionen wird das Subjekt angezogen. Lewin spricht hierbei von einer positiven Valenz. Die als unangenehm empfundenen Regionen wirken für das Subjekt eher abstoßend und haben eine negative Valenz.

Allerdings kann eine Region „zugleich anziehend und abstoßend wirken, also ambivalent wirken" (44).

Eine besondere Bedeutung hat dieses Lebensraumkonzept, weil „mittels des Lebensraumkonstrukts eine vorgestellte (kognitiv repräsentierte) Zielerreichung auf verschiedenen (Um-)Wegen erreicht werden kann; somit können auch Barrieren durch Umstrukturieren, Wechsel der Perspektiven, etc. umgangen werden" (29). In der Konsequenz erlaubt das Konzept des Lebensraumes also die Erklärung von subjektiven und interaktiven Handlungsverläufen, die nicht auf Reiz-Reaktionsverbindungen zurückzuführen sind. Antizipierte Erlebnispotentiale sowie Handlungsoptionen und damit mögliche „Wege" einer Lokomotion im Lebensraum können unterschiedlich kombiniert werden. Auf diese Art und Weise „eröffnen sich – z.B. durch Umzentrieren der Aufmerksamkeit, bei Veränderung von Gefühlslagen, durch alternatives Denken, Analogiebildung, logisches Schlussfolgern, etc. – verschiedene Wege zu angestrebten Zielen" (30).

Das ist auch der Grund dafür, dass dieser kurze holzschnittartige Aufriss der Lewinschen Konzeption des Lebensraumes als psychischem Kraftfeld für diese Abhandlung relevant ist. Die unterschiedlichen antizipierten Wege zur Zielerreichung, verbunden mit den geplanten Lokationen im Lebensraum entsprechend der Valenzen dessen Regionen, können von den betreuten Akteuren/-innen mit ermöglichender professioneller Unterstützung Sozialer Arbeit entwickelt werden. Denn eine der Voraussetzungen zur Entwicklung von antizipierten Wegen zur Zielerreichung ist die Erkenntnis entsprechender Verwirklichungschancen. Soziale Arbeit hat also hier die Aufgabe, den betreuten Akteuren/-innen durch Hilfe beim Durchleuchten, Ergründen, Klären von Perspektiven zu ermöglichen, antizipierte Wege zur Zielerreichung auf der Grundlage gegebener Verwirklichungschancen zu entwickeln. Entsprechende Lokomotionen im psychischen Kraftfeld der betreuten Akteure/-innen werden so ermöglicht.

Dabei sollte auch beachtet werden, dass möglicherweise die individuellen Erfahrungen, Ängste, Vorurteile etc. der betreuten Akteure/-innen die Nutzung von Verwirklichungschancen blockieren können, indem, mit Lewin gesprochen, die Valenzen der betroffenen Regionen im Lebensraum der zu vollziehenden Lokomotion nicht entsprechen. Das sind sozusagen neben den oben beschriebenen äußeren Grenzen innere Begrenzungen. Diese lassen sich durch die oben beschriebenen Aneignungsprozesse im Rahmen von biografischen Aufarbeitungen bearbeiten.

Die Entwicklung von antizipierten Wegen zur Zielerreichung steht also in einem wechselseitigen Verhältnis zur biografischen Aneignung.

2.7.5 ... durch Ermutigung und Stärkung des Selbstbewusstseins. Selbstwerdung und Selbst-Aktualisierung als Prozess der Aneignung von zunächst aus dem Aufmerksamkeitsfokus ausgeblendeten Erlebnisinhalten.

Die hier erläuterten Unterstützungsprozesse bei der Erschließung von Räumen der Aneignung, hinsichtlich von Aneignungsprozesse in sozialen Vernetzungen, von Aneignung durch Biografieaufarbeitung und von Aneignungsprozesse im Rahmen der Entwicklung von antizipierten Wegen der Zielerreichung können in vielen Fällen den (Wieder-) Erwerb von Agency und das Ergreifen von Verwirklichungschancen ermöglichen.

Allerdings besteht auch die Möglichkeit, dass die erlebten Begrenzungen und Entmutigungen bereits so starke Spuren im Selbstbewusstsein der Akteure/-innen hinterlassen haben, dass diese Unterstützungsprozesse noch nicht ausreichen.

In diesem Falle muss eine Soziale Arbeit der Ermöglichung stark ermutigend tätig werden.

Ermutigung wird wirkungsvoller, wenn sie auf der Grundlage einer guten professionellen (pädagogischen bzw. beraterischen) Beziehung mit entsprechender Vertrauensbasis erfolgt. So postulieren Brüntrup und Schwartz, auf Kuhl und Storch bezugnehmend:

> „Die Ermutigung durch einen motivierenden Menschen muss .., wenn sie dauerhaft wirken soll, an das Selbst gerichtet sein. Erst, wenn eine persönliche Beziehung entstanden ist, in der sich ein Mensch vertrauensvoll öffnet und sich mit der ganzen Fülle seiner Lebenserfahrung, gerade auch den negativen Ereignissen, angenommen weiß, kann das Wort der Ermutigung das Selbst treffen (vgl. dazu: Storch M./Kuhl, J. 2012: 78). Die positivere Weltsicht, die daraus resultiert, ist gerade nicht von außen aufgesetzt, sondern resultiert aus einer Integration und Annahme der eigenen Erlebnisse" (Brüntrup, G./ Schwartz, M. 2012: 184).

Wenn die begrenzenden und entmutigenden Erfahrungen von Akteuren bereits so weit gingen, dass sie daran zweifeln, ob sie die von ihnen gesetzten Ziele jemals erreichen, wenn sie ständig neue Ziele suchen, durch konfligierende, widersprüchliche Ziele verwirrt sind oder es schon überhaupt nicht mehr wagen, eigene Ziele zu setzen, kommt der Ermutigung, der Stabilisierung des „Selbst"-„Bewusstseins" eine wichtige Rolle zu. Denn das Selbst bezieht, so Godehard Brüntrup und Maria Schwartz „holistisch alle erfahrenen Episoden des Lebens ein, es kann der Situation angepasst und elastisch reagieren, um allen Aspekten gerecht zu werden. Insbesondere ist es in der Lage, die Gefühle und Affekte nicht nur mit ein zu beziehen, sondern sie modulierend, stärkend oder dämpfend, zu beeinflussen" (Brüntrup G., Schwarz, M. 2012:183).

Damit können demütigende Erfahrungen in einem neuen Licht betrachtet und die Gefühle zur eigenen Handlungsfähigkeit positiver werden. Eventuell werden nach entsprechenden Ermutigungen von den betreuten Akteuren/-innen selbstbestätigende Reaktionen der sozialen Umwelt und erfolgreiche eigene Handlungsweisen wahrgenommen, die vorher dem bewussten Fokus der Aufmerksamkeit verschlossen blieben. So ergänzen Brüntrup und Schwartz:

„In der Tat ist das Selbst umfassender als das bewusste Ich des Verstandes. Die Fülle an Informationen, die unbewusst über das Selbst verarbeitet werden können, ist weit größer als das, was der Fokus bewusster kognitiver Aufmerksamkeit verarbeiten kann: erinnerte Erlebnisse, Stimmungen, körperliche Empfindungen gehen in das Selbst ein" (187).

Brüntrup und Schwartz gehen also davon aus, dass bestimmte Erlebnisinhalte vom „Selbst" sozusagen „unbewusst" aufgenommen werden ohne in den bewussten Fokus der Aufmerksamkeit zu rücken und im Gedächtnis „schlum-

mern" („unbewusste Vigilanz") (ebd.). Durch die Ermutigung und die damit
verbundene Stärkung des Selbstbewusstseins werden solche, vorher aus dem
Fokus der Aufmerksamkeit ausgeblendete Erlebnisinhalte, dem Bewusstsein
zugänglich gemacht. Dadurch können diese Erlebnisinhalte verarbeitet und,
innerhalb eines durch das Bewusstsein gesteuerten Prozesses, angeeignet werden. Dabei werden jene – aus einem Bewusstsein des „Sich-nicht-Selbstwirk-
samfühlens" heraus – einst nicht wahrgenommene positive Elemente des Erlebens aktualisiert: „Die Hebung dessen, was in unbewusster Vigilanz gegeben
war, in das Licht des Bewusstseins gehört zum Prozess der Selbstverwirklichung. Selbstwerdung und Selbst-Aktualisierung ist in diesem Sinne tatsächlich
ein Prozess der Aneignung" (ebd.).

2.8   Ermöglichung von Teilhabe am gesellschaftlichen Leben als
Voraussetzung für Agency und Ergreifen von Verwirklichungschancen

Dieser Aneignungsprozess im Zuge einer Selbstverwirklichung ist allerdings nur
realisierbar, wenn das entsprechende Subjekt nicht zum Objekt gesellschaftlicher
Ausgrenzung wird, wie dies häufig Adressaten/-innen Sozialer Arbeit erleben
müssen (vgl. Beispiele oben). Ausgrenzung meint hier einen „Zustand, der durch
eine systematische Verunmöglichung der jeweiligen subjektiv angestrebten Lebensweisen gekennzeichnet ist (Kessl, F. 2013: 32). Den „konstitutiven Gegen-
part zum Begriff und Konzept der Ausgrenzung" sieht Fabian Kessl in der Konzipierung von Teilhabe (vgl. ebd.). Er betont in diesem Zusammenhang die
Wichtigkeit, Bedingungen zu gewährleisten, durch die sich Gestaltungsmöglichkeiten „je subjektiver Lebensweisen" ergeben, um sozialer und kultureller Ausgrenzung zu begegnen (33). Kessl postuliert des Weiteren in Anlehnung an den
Frankfurter Verfassungsrechtler Günter Frankenberg, dass Konzepte zur Ermöglichung von Partizipation durch passende „Unterstützungsarrangements" (35)
gekennzeichnet sein sollten, die es den von ausgrenzenden Erfahrungen und
„von Ungleichheit betroffenen Mitgliedern" der Gesellschaft „ermöglichen,
öffentlich zu agieren" (ebd.).

Aus Kessls weiterer Argumentation ergibt sich, dass die genannten Unterstützungsarrangements zur Ermöglichung von Partizipation als Teilhabe am
gesellschaftlichen Leben mit der Sicherung von Wahlmöglichkeiten über subjektive Lebensweisen sowohl die Verfügbarkeit über materielle, als auch über kulturelle, symbolische und soziale Kapitalien für Ausgegrenzte oder von Ausgrenzung Bedrohte systematisch verbessern helfen sollten (vgl. 39).

2.9 Agency und Capability in ihrem Verhältnis zu selbstbestimmter Aneignung und Partizipation

Zusammenfassend kann also gesagt werden, dass sich eine Soziale Arbeit der Ermöglichung auf die Bereiche

* Agency als Handlungsmächtigkeit und Handlungsfähigkeit,
* Capabilities als Verwirklichungschancen,
* selbstbestimmte Aneignung und
* Partizipation als aktiv-gestaltende Teilhabe am sozialen Leben bezieht.

Diese vier Bereiche hängen eng miteinander zusammen und beziehen sich aufeinander.

Aktiv gestaltende Teilhabe am sozialen Leben bringt Handlungsmächtigkeit und Handlungsfähigkeit mit sich: wenn ein/e Akteur/in in den sie/ihn betreffenden sozialen Handlungsfeldern etwas bewegen, etwas verändern kann, fühlt er/sie sich handlungsmächtig und selbstwirksam. Er/sie ist in der Lage, Handlungsfähigkeit zu entwickeln. Dies verbessert den Zugriff auf Verwirklichungschancen und ermöglicht selbstbestimmte Aneignung.

Deutlich wird hierbei, dass Agency und Capability in einem engen Verhältnis zueinander stehen. Matthias Grundmann bringt dies auf den Punkt, in dem er die Capabilities als eher soziale und Agency als personale Handlungsbefähigung beschreibt (vgl. 2010: 139).

Er stellt fest, dass sich „die mikrosoziale Herleitung von Agency als Korrektiv bzw. als Ergänzung des eher makrosozialen Blickwinkels der Capability-Forschung lesen" lässt (139). Diesem Gedanken folgend tragen also Agency-Konzeptualisierungen zur Vermittlung zwischen Strukturtheorien einerseits und Handlungs-/Subjekttheorien andererseits bei (vgl. dazu auch Geiger, D. 2016: 44).

Agency-Konzepte würden also, Matthias Grundmann folgend, Handlungsbefähigung „vornehmlich über die Verfügbarkeit von Handlungsressourcen" erfassen, „die mit Hilfe grober Indikatoren der Lebenslage, der Bildung und des Wohlstandes gemessen werden" würden (vgl. 2010: 139).

Die Agency -Forschung wende sich somit, so Grundmann weiter, „der persönlichen Wahrnehmung von Handlungsoptionen" zu, sowie der „Fähigkeit, Handlungsziele pragmatisch umzusetzen" (139 f.). Sie richte dabei ihre Aufmerksamkeit vor allem „auf das Handeln-Können, das Sich-Bewähren und Sich-Behaupten" (ebd.).

Im Capability Approach bemesse sich dagegen Handlungsbefähigung „an den Verwirklichungschancen von Individuen, die sich in der persönlichen und sozialen Wohlfahrtsproduktion niederschlagen. Maßstab und Prüfstein dafür sei „die Nutzung verfügbarer Ressourcen, die Überwindung von Armut und Deprivation und die Suche nach gesellschaftlichen Partizipationsmöglichkeiten" (ebd.).

Das Verhältnis von Capabilities und Agency lasse sich dadurch konkretisieren, in dem verdeutlicht werde, dass „die Nutzung von Handlungsressourcen im Sinne von Capabilities Handlungskompetenzen voraussetzt", die sich nur in jenen Handlungskontexten entwickeln können, „in denen sich Akteure als handlungswirksam erfahren" (140), also handlungsmächtig sind.

Deshalb sollten sowohl die „Aspekte der Lebenslage und der Lebenssituation" als auch die „personalen Voraussetzungen des Handelns in diesen Kontexten" erfasst werden.

Grundmann fasst zusammen:

> „Durch die umfassende Berücksichtigung von Capabilities und Agencies lassen sich die personalen und sozialen Ressourcen einer selbstständigen Lebensführung identifizieren, die für eine angemessene Soziale Arbeit mit Betroffenen notwendig sind" (ebd.).

2.10 Grundmuster eines Konzeptes von Bildung in einer Sozialen Arbeit der Ermöglichung

2.10.1 Lebenschancen und Entfaltungspotenziale durch kulturelle, soziale und symbolische Ressourcen erschließende Aneignung

Von einem etwas anderen Blickwinkel her betrachtet offenbart sich dieser Zusammenhang auch über den oben reflektierten Begriff der Aneignung. Es wurde gezeigt, dass Agency die Möglichkeit selbstständiger Aneignungstätigkeit befördert. Deutlich wurde in der Auseinandersetzung mit dem Capability-Approach auch, dass Verwirklichungschancen und Handlungsbefähigungen über Handlungsoptionen an gesellschaftlich verfügbare Ressourcen zurückgebunden sind (vgl. Ziegler, H. 2001: 129) zu denen neben materiellen auch kulturelle, soziale und symbolische Kapitalien gehören, die sich dem/der Akteur/-in über Aneignungsprozesse erschließen. Dazu bedarf es geeigneter „Lebenschancen und Entfaltungspotenziale" (ebd.).

Solche Aneignung, in der über individuelle Entfaltung kulturelle, soziale und symbolische Ressourcen erschlossen werden können, gehört, wie dies Hans Thiersch ausdrückt, zu „einem Grundmuster eines Konzeptes von Bildung, wie es in der Klassik als Zielorientierung für das Leben im Zeichen von Aufklärung und Gleichheit entworfen worden ist" (2015: 398). Ein Aneignungsprozess, in dem sich Akteure/-innen mit grundsätzlichen Zusammenhängen ihrer Lebenswelt aktiv auseinandersetzen können. In dem daraus resultierenden Erkenntnisprozess erschließen sich den Akteuren/-innen die für sie relevanten Gestaltungsmöglichkeiten ihres individuellen Lebens und daraus resultierend ihren „individuellen Lebensplan", dessen Verwirklichung für die Akteure/-innen zur „elementaren Lebensaufgabe" heranwächst (ebd.). Hier zeigt sich deutlich das Verhältnis von Aneignung im Rahmen von Bildungsprozessen im Sinne Thierschs und der Entwicklung von Capabilities im Sinne Sens: Letztere sollen die Akteure/-innen befähigen, Tätigkeiten und Seinsweisen („Functionings") so zu realisieren und zu kombinieren, dass sie zur Verwirklichung der von ihnen gewählten Lebensweise und letztlich ihrer eigenen Persönlichkeit führen. Die Voraussetzung dafür ist in der Tat das, was Thiersch unter Bildung fasst, nämlich die Aneignung von Erkenntnissen und Gestaltungsmöglichkeiten zum Entwurf und zur Umsetzung des eigenen Lebensplanes.

Diese Art von Bildung sieht Hans Thiersch zunächst als „Selbstbildung" die sich „in allen Vorgaben und Zwängen der Verhältnisse" vollziehe (Thiersch, H. 2015: 399). Hier wird deutlich, dass diese Aneignungserfahrungen durchaus auch von Begrenzungen und Zwängen geprägt sein können. Allerdings spielen auch individuelle „Bewältigungsmuster" (ebd.) eine wichtige Rolle. Dies wirft ein Licht darauf, dass neben der Erfahrung von Begrenzungen und Zwängen immer auch das Sich-Handlungswirksam-Fühlen, also die Agency, eine wichtige Voraussetzung für die von Thiersch skizzierte aktive Aneignungstätigkeit im Bildungsprozess bildet. Daneben führt Thiersch einen zweiten Aspekt auf, nämlich den Vollzug der subjektiven Lebensgestaltung im „Medium ästhetischer expressiver Erfahrungen" und damit im „Überschuss der Formung und Kultivierung … über die Lebensnotwendigkeiten" hinaus (ebd.). Hier wird eben jener Punkt angesprochen, um den es auch Sen geht: Verwirklichung weist über die bloße Befriedigung materieller Lebensnotwendigkeiten hinaus. Wohlergehen ist an eben an jene Öffnung „über den Alltag hinaus" gebunden, die durch Bildung im Sinne Thierschs ermöglicht wird. Ein „gelingenderes Leben" wird dadurch vorstellbar, und die Sehnsucht nach von den Routinen und Zwängen des Alltags befreiten Lebensformen wird teils wachgerufen und teilweise auch durch die ästhetisch-expressiven Erfahrungen ansatzweise erfüllt (vgl. ebd.). Bildung in diesem Sinne generiert also Verwirklichungschancen, setzt aber aktive Aneignung auf der Grundlage von Agency voraus.

Der Zugang zu solchen Bildungsmöglichkeiten bleibt allerdings für viele von Sozialer Arbeit betreuten Akteure/-innen begrenzt. Gründe dafür liegen zum Einen in einem häufig am kognitiven Leistungsdenken orientierten Bildungssystem und zum anderen in sozialer Ungleichheit oder weiteren gesellschaftlichen Exklusionsmechanismen.

2.10.2 Ein adäquates Bildungsverständnis

Eine Soziale Arbeit der Ermöglichung verfolgt jedoch das Ziel, solche Begrenzungen abzubauen und allen betreuten Akteuren/-innen Zugänge zu einer Bildung im oben beschriebenen Sinne zu eröffnen. Daher gilt es, ihnen – den gesellschaftlichen Exklusionsmechanismen entgegen wirkend – zu mehr Handlungsmächtigkeit zu verhelfen, selbstbestimmte Aneignung zu fördern, adäquate Bildungsangebote im oben beschriebenen Sinne zu entwickeln und anzubieten. Damit werden ihnen Verwirklichungschancen verfügbar gemacht.

Um diesen Anspruch einlösen zu können ist es wichtig, das Verhältnis zwischen Sozialer Arbeit und Bildung sowie die Frage nach einem Bildungsverständnis aufzuarbeiten, das einer Sozialen Arbeit der Ermöglichung entspricht. Um den Rahmen dieser Abhandlung nicht zu sprengen, sollen hier lediglich kurz einige wichtige Aspekte dieser Fragestellung angerissen werden.

Wichtige Hinweise dazu kommen von Rainer Treptow in seiner Aufarbeitung des nicht immer unproblematischen Verhältnisses der professionellen Akteure/-innen in vielen Handlungsfeldern Sozialer Arbeit zu Begriff und Inhalt von Bildung (2012: 22-41). Grundsätzlich verdeutlicht Treptow, das der Zugang von Bildung als soziale Frage (vgl. 23) und als „Antwort auf die Herausforderungen an die Lebenskompetenz" (24) verstanden werden kann. Dieser Lebenskompetenz bedarf es, wenn betreute Akteure/-innen nach entmündigenden Erfahrungen Agency wiedererlangen wollen, wenn sie nach Ausgrenzungen wieder am gesellschaftlichen Leben teilhaben wollen, Verwirklichungschancen nutzen und sich in selbst bestimmter Aneignung weiterentwickeln wollen; kurz, wenn sie (wieder) ein von Mündigkeit geprägtes Leben führen möchten.

Die Entwicklung solcher Lebenskompetenz zur Erlangung von Mündigkeit ist Ausdruck von Bildung (vgl. 33). Auf dem Weg dorthin sind auch jene mühevollen Leistungen Sozialer Arbeit, die „zu wenig spektakulärer Lebensbewältigung" (32) beitragen auch wenn diese „von der Erhabenheit des Bildungsideals aus leicht der Geringschätzung des Einfachen" (ebd.) anheim zu fallen drohen, als Beitrag zur Entwicklung von Lebenskompetenz und damit als Bestandteil von Bildungsprozessen zu verstehen. Allerdings betont Treptow, dass es „in die Nähe des Zynischen" gerät, wenn auch noch dann von Bildungsprozessen gesprochen wird, wenn Menschen in „psychosozialer und materieller Not und in Abhängigkeit hingehalten werden..." (ebd.).

Jener Beitrag Sozialer Arbeit also, der betreuten Akteuren/-innen hilft, ihr Leben selbst bewältigen zu können, die Dinge wieder in die eigene Hand nehmen zu können und sie nicht in Abhängigkeit und Unmündigkeit zu halten, kann, so Treptow, als Teil eines umfassenden Bildungsprozesses begriffen werden..

Allerdings bezweifelt Treptow, dass es sinnvoll sei, in allen Handlungsfeldern Sozialer Arbeit per se „ein Bildungsgeschehen feststellen zu wollen" (33). Es sei doch fraglich, ob es einen „Gewinn an Genauigkeit, an Problemtiefe, an diagnostischer Schärfe" bringen würde, wenn „Krisenerfahrungen, Suchterfahrungen, Gewalterfahrungen immer auch noch als Teil von Bildungsprozessen" beschrieben werden würden (ebd.). Schließlich müssten die Inhalte von Bildung, „um als Bildung verstanden werden zu können, ... durchdacht und durchgearbeitet werden, weil sie sich dem raschen Zugriff sperren, weil sie eben nicht vertraut, zunächst unübersichtlich, fremd sind und erst durch allmähliches, Schicht für Schicht verlaufendes Erschließen zugänglich werden" (ebd.).

Die Beiträge Sozialer Arbeit zur Entwicklung von Lebenskompetenz können also dem Anspruch, Teil eines Bildungsprozesses zu sein, nur dann genügen, wenn notwendige Bedingungen, wie beispielsweise hinreichend Zeit, zur Verfügung stehen, um jenes sukzessive Erschließen unübersichtlicher, fremdartig sperriger Inhalte zu ermöglichen.

Klar wird aus den Analysen Treptows, dass die Beiträge zu Bildungsprozessen in den Handlungsfeldern Sozialer Arbeit mit einem „rein administrativen Bildungsverständnis" (35) nicht zu fassen sind. Ein solches Verständnis, das Bildung nur dort sieht, wo Bildungsprozesse auch „offiziell organisiert werden", würde, so Treptow, zu einem „Auseinandertreten von Bildung und sozialen Hilfen" führen. Letztere würden dann Gefahr laufen, betreute Akteure/-innen „auf ein ‚bloß' materielles Wesen, das immer nur elementar ‚versorgt' werden müsse", zu reduzieren. Vielmehr sollten soziale Hilfen immer auch als „zusammenhängende Aspekte des gleichen Anspruchs des Menschen auf Entfaltung seiner Möglichkeiten, seiner Würde und seiner Lebenswelt gelten" (ebd.).

Auch ein „kognitiv-leistungsorientiertes Bildungsverständnis" (ebd.) reicht, so Treptow weiter, nicht aus, um Bildungsprozesse innerhalb Sozialer Arbeit zu verstehen. Im Vordergrund eines solchen Verständnisses drohe nämlich Bildung auf Aspekte rezeptiver Wissen- und Informationsvermittlung enggeführt zu werden.

Notwendig sei es aber, Bildung als „Prozess des Selbstzuständig- und Selbstwirksamwerdens" zu begreifen.

Hier wird der Zusammenhang eines Bildungsverständnisses, wie es Treptow für Soziale Arbeit angemessen findet und dem Erreichen von Agency sehr deutlich: Das durch den Bildungsprozess selbstzuständige, sich selbstwirksam

fühlende Subjekt ist zur kritischen „Reflexion und Gestaltung des eigenen Lebenslaufs" in der Lage (ebd.).

    Dies bezeichnet Treptow als „lebenslaufbezogenes Bildungsverständnis",
das

> „diejenige Seite des Bildungsgeschehens betont, die weder der Verwaltung noch der
> Leistungskontrolle zugewandt ist, sondern in der Selbstbestimmung des Einzelnen
> steht und damit der Verfügung durch andere entzogen bleibt" (36).

Bildung so zu verstehen, wie sie oben im von Thiersch formulierten Sinne referiert wurde, kann mit Treptow also als lebenslaufbezogenes Bildungsverständnis
genauer gefasst und somit begrifflich von anderen Bildungsverständnissen abgegrenzt werden. Dies bildet die Grundlage und eröffnet die Möglichkeit zu begreifen, was in sozialen Hilfen, in der Hilfe bei der Bewältigung der Alltagspraxis
betreuter Akteure/-innen, in der Hilfe zur kritischen Reflexion von Lebenslagen,
in der Eröffnung von Gestaltungsmöglichkeiten etc. an Bildung stecken kann
und welche notwendigen Bedingungen dafür gegeben sein müssen, damit sich
Bildungsprozesse in einer Sozialen Arbeit der Ermöglichung verwirklichen lassen.

3 Empirische Befunde – Soziale Arbeit der Ermöglichung in der Praxis

Auf der Grundlage dieses theoretischen Hintergrundes wurden empirische Untersuchungen durchgeführt. Grundlagen und Ergebnisse dieser werden im Folgenden erörtert.

3.1 Forschungsdesign

Zur näheren Exemplifizierung dessen, was eine Soziale Arbeit der Ermöglichung auszeichnet, wurden zunächst Expertengespräche mit Profis der Sozialen Arbeit geführt, die auf jahrzehntelange Erfahrungen an der Basis und in Führungspositionen innerhalb unterschiedlichster Handlungsfelder zurückblicken und diese reflektierend und bewertend darstellen können.

Die Wiedergabe der Gesprächssequenzen geschieht teils in indirekter und teils in wörtlicher Form. Insbesondere prägnante Passagen werden wörtlich zitiert.

Das Forschungsdesign basiert auf der „Grounded Theory, einem Forschungsstil, der auf den symbolischen Interaktionismus zurückgeht, und zwar in der vor allem von Anselm L. Strauss (vgl. Strauss, A. L./Corbin J. 1996) entwickelten und von Jörg Strübing (vgl. 2008) weiter entfalteten Richtung. Das Ziel dieses Verfahrens der qualitativen Sozialforschung besteht darin, realitätsnahe und praxisverwertbare Theorieansätze zu generieren. Theoretisch entwickelte Ansätze sollen durch Erfahrungen evaluiert und bereichert werden. Dadurch ergibt sich die Chance, bestehende Theorieansätze auszuweiten, zu differenzieren oder zu modifizieren. Das grundlegende Erkenntnisinteresse besteht also nicht in erster Linie darin, subjektive Sichtweisen zu rekonstruieren, sondern in der Erschließung der im mitgeteilten subjektiven Erfahrungsgehalt steckenden allgemeinen Bedeutungen für soziale Praxis (vgl. Strübing, J. 2008: 279 ff.). Bei diesem Ansatz werden drei fundamentale Verfahrensweisen kombiniert und auf einander bezogen: Zunächst wird – erstens – ein theoretischer Hintergrund erarbeitet, wie dies ja in der vorliegenden Abhandlung vollzogen wurde. Dieser bildet die Grundlage sowohl für die Erhebung als auch die interpretative Auswertung des qualitativen Datenmaterials. Dann wird – zweitens – das gewonnene empirische Material bewusst zusammengestellt und gegenstandsadäquat fokussiert („sampling"). Und schließlich – drittens – werden evidente Zusammenhänge zwischen den mitgeteilten Phänomen und dem Kontext in dem sie stehen, reflektiert (vgl. Strübing, J. 2008: 279-311).

In der Umsetzung dieser Verfahrensweise wurde das Datenmaterial durch video-dokumentierte Gespräche erhoben, in denen den Experten/-innen der in dieser Abhandlung entfaltete Interpretationshintergrund vermittelt wurde und sie daraufhin die mögliche Praxisrelevanz in Vergangenheit, Gegenwart und Zukunft reflektierten. In einem zweiten Schritt erfolgte das Sampling, in dem sich die gegenstandsadäquate Fokussierung auf die Qualität der Aussagen hinsichtlich der im theoretischen Hintergrund entfalteten allgemeinen Bedeutungsgehalte der Praxis einer Sozialen Arbeit der Ermöglichung bezog. Die dementsprechenden Videodokumentationen wurden transkribiert, geordnet und nach inhaltlichen Kriterien zusammengestellt. Der dritte Schritt, nämlich die Reflektion des Zusammenhanges zwischen den dargestellten Phänomenen und dem Kontext in dem sie stehen, erfolgte teilweise bereits in den Fachgesprächen. Dieser Aspekt wird in der Auswertung der Gesprächssequenzen nochmals vertieft.

So soll aus dem in den Gesprächen erhobenen Datenmaterial und der Auswertung auf der Basis des entfalteten theoretischen Hintergrundes mosaikförmig herauskristallisiert werden, an welche Grundlagen eine Soziale Arbeit der Ermöglichung gebunden ist und wie ihre Umsetzung aussehen könnte.

Die dargestellten Theorieansätze werden so einerseits durch die Experten/-innen hinsichtlich ihrer Praxisrelevanz evaluiert und durch deren Aussagen einerseits und die entsprechenden theoriegestützten Interpretationen andererseits differenziert und gegebenenfalls bezüglich der praktischen Umsetzungsmöglichkeit modifiziert.

Da die betreffenden Experten/-innen nach langjähriger Arbeit an der Basis gegenwärtig zum großen Teil gehobene Führungspositionen bekleiden und sie schon bei wenigen Hinweisen auf persönliche Daten identifiziert werden könnten, muss zum Schutz ihrer Anonymität hier auf jeglichen Hinweis dazu verzichtet werden. Die jeweils die Praxisrelevanz der Theorieansätze auf der Basis ihrer Erfahrungen reflektierenden Experten/-innen werden daher alle lediglich mit dem Kürzel „E" bezeichnet.

Hinsichtlich der Aspekte zur Umsetzung einer Sozialen Arbeit der Ermöglichung wird unter der zentralen Leitlinie „vom Objekt zum Subjekt" der Schwerpunkt auf dem Handlungsfeld der Sozialen Arbeit mit Menschen mit Behinderung liegen. Einer der Gründe dafür ist die nach wie vor wichtige fachliche Auseinandersetzung um die praktischen Konsequenzen der UN-Behindertenrechtskonvention in deren Geiste die vorliegende Abhandlung steht.

3.2 Auswertung der Interviews

3.2.1 Rahmenbedingungen von Ermöglichung

3.2.1.1 Subjektive Voraussetzungen seitens der professionellen Akteure/-innen

„Ermöglichung setzt voraus, dass ich ... selbst Möglichkeiten individueller Spielräume habe ... Wissen, Ideen und Vorstellungen darüber, wie Bewältigung aussehen könnte ... also auch so etwas wie Entwürfe ..."

Der/die Experte/in im Fachgespräch(*E*) sieht die Implementierung von Prozessen der Ermöglichung von Agency, selbstbestimmter Aneignung und Partizipation zunächst an subjektive Voraussetzungen seitens der praktizierenden professionellen Akteure/-innen gebunden. „Möglichkeiten individueller Spielräume" bezieht er/sie zunächst auf Wissensbestände. Das verweist auf Studium/ Ausbildung, Fort- und Weiterbildung sowie berufliche Erfahrung. Im Studium erworbene fundierte theoretische Hintergründe mit entsprechenden analytischen Fähigkeiten und dem Vermögen der Reflexion lassen – mittels entsprechender Erkenntnisprozesse – Verwirklichungschancen betreuter Akteure/-innen deutlich und vermittelbar werden. Auch der Unterstützungsbedarf der betreuten Akteure/-innen hinsichtlich der subjektiven Nutzbarkeit dieser Verwirklichungschancen wird dadurch diagnostizierbar. Auch die beruflichen Erfahrungen können hierbei – insofern sie produktiv reflektiert werden konnten – dazu beitragen.

Die nächste subjektive Voraussetzung seitens professioneller Akteure/-innen zur Implementierung ermöglichender Prozesse für die betreuten Akteure/-innen sieht *E* im Ideenreichtum der professionellen Akteure/-innen. Kreativität und weite Horizonte, auch die Fähigkeit, über eingefahrene Bahnen hinaus zu denken, sind notwendige Voraussetzungen zur Antizipation einer im Sinne der betreuten Akteure/-innen positiv veränderten Wirklichkeit und der dementsprechenden Implementierung ermöglichender Unterstützungsformen („Entwürfe").

3.2.1.2 Strukturelle Voraussetzungen

... auf der Ebene der Institution

„... auch strukturelle Voraussetzungen ... dass ich mich nicht jedes halbe Jahr um meinen Arbeitsplatz sorgen muss, dass ich da eine Perspektive habe, dass ich in einer anregenden institutionellen Kultur bin ... es ist ja auch die Frage: ist es erwünscht, zu ermöglichen?"

Um ermöglichende Prozesse für betreute Akteure/-innen implementieren zu können, müssen dem/der sich hier äußernden Experten/in(*E*) zufolge auch auf der strukturellen Seite bestimmte Voraussetzungen erfüllt sein. Angesprochen wird zunächst die Frage der Arbeitsplatzsicherheit der professionellen Akteure. Wer auf der Basis kurzfristiger Zeitverträge ohne längerfristige Perspektive Soziale Arbeit betreibt, ist häufig zu sehr mit der eigenen Problemlage und der Sicherung der eigenen Existenz beschäftigt, um betreute Akteure/-innen bei der Erkenntnis ihrer Verwirklichungschancen, der (Wieder-) Erlangung von Agency, dem Vollzug selbstbestimmter Aneignung oder der Implementierung von Partizipationsprozessen zu unterstützen.

Des Weiteren wird von *E* die Organisationskultur angesprochen. Wenn die tradierten, üblichen und erwünschten Formen institutioneller Hilfs- und Interaktionsprozesse einen starken repressiven und/oder affirmativen Charakter haben, wird die Implementierung von Ermöglichungsprozessen stark erschwert.

... auf der gesellschaftlichen Ebene – soziale Bewegungen und Bildung statt aufbewahren

„ ... ich überblicke 40 Jahre Soziale Arbeit – das ist ziemlich viel – und wenn man mal sieht, warum sich was verändert hat, dann waren es immer soziale Bewegungen, die etwas bewegt haben. Der Impuls ging in der Regel nicht von Organisationen aus und die Gesetzesänderungen sind meist erst hinterher gekommen. Zum Beispiel die Heimkampagne. Natürlich auch die Studentenbewegung im Sinne von wie lerne ich, wie eigne ich mir Theorien, Wissen, Geschichte, Konstrukte, Entwürfe an. Weitere Beispiele wären die Jugendhausbewegung, die Frauenbewegung, die Friedensbewegung. Solche soziale Bewegungen haben ganz entscheidend die Gesellschaft und direkt unser Arbeitsfeld geprägt: Früher gab es keine Wohngemeinschaften, keine Frauenhäuser ... auch den Ausbau von Schulsozialarbeit oder von Kindertagesstätten mit neuem Bildungsverständnis jenseits bloßer Aufbewahrung armer Schlüsselkinder zähle ich zu den Ergebnissen dieser Veränderungsprozesse, die durch soziale Bewegungen hervorgerufen wurden. Diese Entwicklungen und Veränderungen wirken auf mein berufliches Handeln und meine Entwürfe in Richtung Bewältigung und Ermöglichung direkt ein."

Auf der gesellschaftlichen Ebene kommen, so der/die hier sich äußernde Experte/in(*E*), ausschlaggebende Impulse für Konzepte einer ermöglichenden Sozialen Arbeit im oben beschriebenen Sinne von sozialen Bewegungen. Es leuchtet ein, dass beispielsweise die „sozialen Experimente" der Studentenbewegung in Bezug auf Wohnformen den Wohngemeinschaften zum Einzug in das öffentliche Bewusstsein verholfen haben. In dieser Wohnform, die ja auch einen Lebensstil symbolisierte, wurde von den Bewohnern/-innen – bevor sich reine „Zweckwohngemeinschaften" etablierten – eine Alternative zu den als zu beengend erlebten tradierten familialen Strukturen gesehen. Sie hat als eine solche Alternative zunächst vielen jungen Menschen, später auch Erwachsenen und älteren Menschen gedient. Diese als neu und weniger beengend empfundene Form eines sozialen Systems bot sich dann auch als Alternative zu individuelle Verwirklichung und Entfaltung beschneidenden Großheimen der Jugendhilfe und der Betreuungsarbeit für Menschen mit Behinderung an. Betreute Wohngemeinschaften in beiden Bereichen Sozialer Arbeit eröffnen gegenüber der Situation in Großheimen ein enormes Potential an Verwirklichungschancen für die betreuten Akteure/-innen und können so als eine der organisatorischen Möglichkeiten einer Sozialen Arbeit der Ermöglichung betrachtet werden.

Des Weiteren geht *E* auf jene Konzeptionen und Arbeitsformen Sozialer Arbeit ein, die auf der Basis eines „neuen Bildungsverständnisses" entstanden sind. Damit werden die Forderungen der Studentenbewegung nach Zugängen für Bildung auch für sozial unterprivilegierte Schichten, nach Lehr- und Lernformen, welche die Eigenverantwortlichkeit und Teilhabe der Lernenden mehr berücksichtigen und Bildungsinhalte, die auf Erkenntnis und Aufklärung zielen, impliziert.

Im Theorieteil wird auf die von Thiersch und Treptow herausgearbeiteten Aspekte eines solchen Bildungsbegriffs, die sehr stark von den Gedanken der Aufklärung beeinflusst sind, verwiesen. Zentrale Eckpunkte sind dabei: durch Bildung Gestaltungsmöglichkeiten freizusetzen, die das Entwerfen und die Umsetzung eines „eigenen Lebensplanes" ermöglichen und einen „Überschuss der Formung und Kultivierung ... über die Lebensnotwendigkeiten" hinaus ermöglichen (Thiersch, H. 2015: 399). Bildung soll dabei als ein „Prozess des Selbstzuständig- und Selbstwirksamwerdens" begriffen werden, wozu ein lebenslaufbezogenes Bildungsverständnis notwendig sei (Treptow, R. 2012: 36).

Im bundesdeutschen Bildungssystem scheinen diese Aspekte von Bildung häufig weitgehend an Soziale Arbeit delegiert zu werden, vermutlich weil letztere (meist) nicht direkt in den schulischen Selektions- und Allokationsprozess (vgl. Moser, I.; Schneider, R. 2015: 92 und Ritter, S. 2008: 4) eingebunden ist.

Das beschert Sozialer Arbeit zum Teil einen größeren Freiraum dafür, die oben explizierten Aspekte von Bildung mehr zu verwirklichen, als dies den Lehrern/-innen an Regelschulen möglich ist.

Ein Indiz dafür scheint mir die Tatsache zu sein, dass in zunehmendem Maße Schulsozialarbeit etabliert und finanziert wurde und wird, auch um die Negativfolgen des mit dem Selektions- und Allokationsprozess verbundenen psychischen Stresses für die Schüler/-innen mit den gelegentlich daraus resultierenden Gewalteskalationen etwas entgegenhalten zu können.

Um den Anspruch, über die reine Stresskompensation hinaus, die oben genannten Aspekte von Bildung und damit auch das Aufgreifen von Verwirklichungschancen zu ermöglichen, braucht Soziale Arbeit an Schulen hinreichend Freiräume und das Personal, um über die reine Kompensation von Schulstress hinaus eine Soziale Arbeit der Ermöglichung umsetzen zu können. Dies könnte eine wichtige Aufgabe für eine künftige weitere Konzeptentwicklung in diesem Arbeitsfeld darstellen.

In diesem Zusammenhang erscheint es wichtig, auch darauf hinzuweisen, dass sich dort, wo die Zusammenarbeit von Schule mit Einrichtungen der Jugendarbeit stärker forciert wird, letztere sich nicht von der ersteren „kolonialisieren" lässt (auf diesen Aspekt wird im dritten Teil dieser Abhandlung noch detaillierter eingegangen werden): in den letzten Jahrzehnten wurden in der Offenen Jugendarbeit Bildungsangebote entwickelt, die selbstständige Aneignung, Teilhabe, Agency und damit auch das Ergreifen von Verwirklichungschancen ermöglichen. Diese sollten nicht dadurch geschmälert werden, indem nun in der Offenen Jugendarbeit Hilfsfunktionen für die Schule übernommen werden, beispielsweise dadurch, dass eine Betreuung schulischer „Hausaufgaben" organisiert wird und gleichzeitig die ermöglichenden Bildungsangebote mangels Personal vernachlässigt werden.

E schneidet darüber hinaus noch die Kindertagesstätten an, innerhalb derer heute ebenfalls Bildung eine weit größere Rolle spielt als das „reine Aufbewahren" von Kindern. Auch hier geht es darum, sich nicht von dem durch das schulische Bildungssystem vordefinierten leistungsorientierten Bildungsbegriff dominieren zu lassen, sondern selbstständige Aneignung und Agency ermöglichende Bildungsangebote mit partizipativem Charakter – wie sie mit Thiersch und Treptow im Theorieteil erläutert wurden – zu entwickeln und umzusetzen. Das trägt dazu bei, den Kindern die Nutzung von Verwirklichungschancen zu ermöglichen.

3.2.2 Soziale Arbeit der Ermöglichung im Spannungsverhältnis von Funktionszuweisung und professionellem Selbstverständnis

3.2.2.1 Auftrag und Finanzierung, doppeltes Mandat

„Wenn ich an das SGB IX denke, was mein Arbeitsfeld prägt, stehen da zwar nicht Begriffe wie Ermöglichung oder gelingenderer Alltag, aber – in ähnlicher Richtung – Teilhabe an Arbeit und Teilhabe an der Gesellschaft. In Unterparagraphen wird erläutert, dass Bildung und Entwicklung von Persönlichkeit stattfinden soll.

Soziale Arbeit hat andererseits auch eine Funktion zur Sicherung sozialer Ordnung: Zusammenleben von Jung und Alt, von Menschen mit Behinderung und psychisch Kranken und so weiter. Aber auch, dass Menschen möglichst gut funktionieren, nicht auffällig oder delinquent werden. Also: beide Seiten sind Teil unseres gesetzlichen Auftrags. Die Frage ist, wie setze ich diesen mit meinem eigenen professionellen Verständnis und meinem Know-how um. Welche Methoden stehen mir zur Verfügung, welche Ideen hab' ich, was neues zu probieren, zu entdecken..."

Der/die sich hier äußernde Experte/in verdeutlicht, dass eine Soziale Arbeit der Ermöglichung auch auf den gesellschaftlichen Auftrag Sozialer Arbeit schlechthin zurückbezogen werden muss, um sie überhaupt finanzieren zu können. Dabei wird klar, dass die dem gesellschaftlichen Auftrag implizite Sicherung sozialer Ordnung nicht zwangsläufig einem ermöglichenden Charakter, wie er in dieser Abhandlung herausgearbeitet wurde, widerspricht. *E* hebt die positiven Aspekte sozialer Ordnung, nämlich das weitgehend reibungslose Miteinander unterschiedlicher Bevölkerungsgruppen hervor, spricht aber auch das unter Umständen auf Anpassung zielende Moment der gesellschaftlichen Verwertbarkeit von Arbeitskraft der betreuten Akteure/-innen an.

Es wird aber deutlich, dass es eine Frage des professionellen Selbstverständnisses ist, wie die unterschiedlichen Aufgaben interpretiert und umgesetzt werden. Es können eben vom professionellen Selbstverständnis her jene Aspekte im Fokus stehen, die die Aufrechterhaltung sozialer Ordnung vor allem in einem integrativen und Kooperation befördernden Kontext sehen, diese bewusst fördern und gesellschaftliche Verwertbarkeit eingebettet in die Verfügbarkeit und Möglichkeit der Nutzung von Verwirklichungschancen sehen. In einer solchen Sichtweise können sämtliche zur Verfügung stehende Instrumente genutzt werden, um den betreuten Akteuren/-innen innerhalb gesellschaftlicher Verwertbarkeit ein Maximum an Agency und selbstbestimmter Aneignung zu ermöglichen.

„Soziale Sicherheit" impliziert aber andererseits innerhalb der gegebenen gesellschaftlichen Strukturen auch das Sichern sozialer Hierarchien. Dies kann – wie aus den im Theorieteil referierten Betrachtungen Foucaults hervorgeht – über die Ebene der sich in sozialen Beziehungen generierenden „Macht" als Handlungsmacht (Agency) hinausgehen und auf der Ebene von „Herrschaft" im Sinne Foucaults relevant werden.

Anstelle eine derartige „Herrschaft" im Sinne Foucaults unreflektiert zu stabilisieren, sollten die betreuenden Akteure/-innen ein professionelles Selbstverständnis entwickeln das kritische Reflexion ermöglicht. Dazu sollen unter anderem auch die in dieser Abhandlung skizzierten Vorstellungen einer Sozialen Arbeit der Ermöglichung beitragen.

Ein solches Selbstverständnis kann dazu führen, dass die professionellen den betreuten Akteuren/-innen eine Orientierung bieten können, die letztere ihre verfügbaren Handlungsspielräume so nachhaltig in Richtung Emanzipation nutzen lässt, dass jene darin enthaltenen Faktoren, die selbstständige Aneignung, Partizipation, Agency und Nutzung von Verwirklichungschancen ermöglichen, die Oberhand gewinnen.

Um dies adäquat umsetzen zu können sind, so *E*, eine umfassende Methodenkompetenz und fundierte – in Ausbildung und Berufserfahrung erworbene – Wissensbestände genauso wichtig, wie ein – die Nutzung von Handlungsspielräumen begünstigender – Ideenreichtum.

3.2.2.2 Schnittstellen Sozialer Arbeit und Politik – Integration und Exklusion. Soziale Arbeit der Ermöglichung als Hilfe bei beschämenden und abwertenden Erfahrungen

„Solange sich an der Arbeitsmarktpolitik nichts verändert ...solange es eine Ausgleichsabgabe gibt für Firmen, die ihre Schwerbehindertenquote nicht erfüllen – und das nützen über 60% der Firmen – solange diese Ausgleichsabgabe relativ niedrig ist, wird es wenig Ermöglichungschancen im Sinne einer Teilhabe im ersten Arbeitsmarkt für Menschen mit Behinderung geben. Es bedarf der politischen Gestaltung durch veränderte gesetzliche Rahmenbedingungen, um ermöglichende Prozesse einleiten zu können. Das ist also nicht allein eine Angelegenheit Sozialer Arbeit. Ich muss die Schnittstellen betrachten und dann ausloten, wie weit ich etwas bewegen kann... ich muss schauen, was überhaupt in meiner Macht steht, wo ich überhaupt Möglichkeiten habe, helfen zu können... die meisten der von uns betreuten psychisch kranken Menschen kommen aus dem ersten Arbeitsmarkt... Viele haben so beschämende und krankmachende Erfahrungen gemacht, dass sie gar nicht mehr in den ersten Arbeitsmarkt wollen. Helfen heißt dann, etwas gemeinsam zu entwickeln und dafür Rahmen, Räume zu schaffen ... sich ungestört treffen können ist wichtig und als Betreuer oder Betreuerin jemanden zu haben der oder die Ideen hat, Ideen aufgreift als Basis zur gemeinsamen Weiterentwicklung".

Der/die sich hier äußernde Experte/in(*E*) zeigt die Widersprüchlichkeiten auf, in der Soziale Arbeit häufig steht. Zum Einen ist die Integration – beispielweise von Menschen mit Behinderung in den ersten Arbeitsmarkt – ein wichtiges Ziel, da diese Integration Teilhabemöglichkeiten, zusätzliche Handlungsmacht und in günstigen Fällen verfügbare Verwirklichungschancen mit sich bringen kann. Die Gestaltung von – mehr oder weniger selbstbestimmten – Aneignungsprozessen kann damit verbunden sein.

Dieser Integration stehen aber häufig arbeitsmarktpolitische Barrieren gegenüber, wie beispielsweise die von *E* erwähnte für Unternehmen sehr erschwingliche Ausgleichsabgabe.

Neben diesen Hindernissen für Integration in den ersten Arbeitsmarkt steht dem Ziel dieser Integration auch die Tatsache gegenüber, dass es wiederum genau dieser erste Arbeitsmarkt ist, der – wie *E* ausführt – bei vielen betreuten Akteuren/-innen psychische Krankheiten verursacht hat. Dies lässt die Sinnhaftigkeit der Reintegration in den ersten Arbeitsmarkt im Horizont einer den betreuten Akteuren/-innen gemäßen Hilfe zumindest fragwürdig erscheinen.

E sieht einen Ansatzpunkt zum Umgang mit diesen Widersprüchlichkeiten in der Analyse der Handlungsmacht und der innerhalb politischer und gesellschaftlicher Rahmenbedingungen vorhandenen Spielräume professioneller Helfer/-innen. Es sollte sich zunächst daraus ergeben, wo an den Schnittstellen zwischen Sozialer Arbeit und Politik erstere durch geeignetes politisches Engagement zur verbesserten Verfügbarkeit von Verwirklichungschancen für betreute Akteure/-innen beitragen kann. Darüber hinaus gibt eine solche Analyse Aufschluss über geeignete Gestaltungsprozesse und Handlungsmöglichkeiten innerhalb einer Hilfe im Interesse der betreuten Akteure/-innen.

Eine solche Hilfe für Menschen, die „beschämende und abwertende Erfahrungen" im Rahmen von Arbeitsprozessen im ersten Arbeitsmarkt sammeln mussten, sieht *E* vor allem darin, Rahmenbedingungen und räumliche Möglichkeiten zu schaffen, die ein von ihren eigenen Interessen gesteuertes Zusammensein möglich macht. Dies geht sicherlich nur in Zusammenarbeit mit den jeweils zuständigen kommunalpolitischen Entscheidungsträgern, was die von *E* angeschnittene politische Dimension verdeutlicht.

Durch das Schaffen solcher Rahmenbedingungen und räumlicher Möglichkeiten können bei den betreuten Akteuren/-innen Grundlagen für neues Selbstbewusstsein und damit einer wieder zu erwerbenden Agency sowie neu gestalteter Teilhabe am gesellschaftlichen Leben gelegt werden. Solche „Unterstüt-zungsarrangements" – wie sie im theoretischen Teil mit Fabian Kessler bezeich-net wurden (2013: 35) – ermöglichen es ihnen, die beschämenden und abwerten-den Erfahrungen in einem neuen Licht aufzuarbeiten und die eigene Handlungs-fähigkeit positiver zu bewerten, wie dies mit Godehard Brüntrup und Maria Schwarz dort analysiert wurde (2012:183).

Begleitet werden sollten sie dabei von professionellen Betreuer/-innen, die ihnen nichts aufstülpen wollen, sondern in der Lage sind, Bedürfnisse und Inte-ressen zu koordinieren und Weiterentwicklung auf der Basis der Ideen der be-treuten Akteure/-innen zu ermöglichen.

Dadurch können Verwirklichungschancen neu genutzt und selbstbestimmte Aneignung organisiert werden. Damit umreißt *E* ziemlich genau die Vorausset-zungen einer Sozialen Arbeit der Ermöglichung im oben beschriebenen Sinne.

3.2.3   *Vom Objekt zum Subjekt. Soziale Arbeit der Ermöglichung konkret*

3.2.3.1   Menschen mit Behinderung machen die Öffentlichkeitsarbeit für „ihre" Einrichtung selbst

„Ich habe vor ein paar Jahren die Öffentlichkeitsarbeit so umgestellt, dass die Menschen mit Behinderung selbst ihren Arbeitsplatz, ihre Arbeitsgruppe vorstellen. Das klappt natürlich nicht von heute auf morgen, es bedarf ge-meinsamer Entwicklungen, Bildungsarbeit, Rollenspiele....Dabei erzählen die Betroffenen, was das Besondere an einer Werkstatt für Behinderte ist. Nämlich dass der Arbeitsplatz individuell angepasst ist. Zum Beispiel wenn eine Person halbseitig gelähmt ist, braucht sie eine Hilfe, um das Werkstück zu arretieren.

Menschen mit Behinderung schaffen es, den interessierten Besuchern der Einrichtung einen Blick dahinter zu geben, das zu erfassen, was der ex-terne Besucher zunächst nicht sieht, nämlich die genaue Zuschneidung des Arbeitsplatzes auf die jeweils spezifische Behinderung und vor allem die Fähigkeiten, die trotz der Behinderung da sind.

Dazu muss man vor allem die Stärken gut wahrnehmen. Aber auch spüren, wenn jemand „kribbelig" wird und alles hinschmeißt, tagelang fehlt...Überforderung, Unterforderung, Tempo, Komplexität, zu viel, zu wenig. Alles das muss man im Blick haben.

Wenn Menschen mit Behinderung die Spezifik der Arbeitsplätze the-matisieren können und verdeutlichen können, was die Hilfsmittel sind, um dies stolz und selbstbewusst der Besuchergruppe vorgestellt werden kann, das bleibt haften. Das ist Ermöglichen. Das ist es, wie ich unseren Auftrag interpretiere.

Aus der Sicht der Menschen mit Behinderung stellt sich das so dar: ‚Wenn ich ein Leben lang als Objekt behandelt worden bin, ich bin beglotzt, ich bin begafft worden, wie soll ich dann selbst zum Subjekt werden ...'

...das sind langwierige Lernprozesse, die gut strukturiert sein müssen. Inzwischen sind diese Menschen mit Behinderung soweit, dass sie andere Menschen mit Behinderung aus anderen Werkstätten für Menschen mit Behinderung für die PR-Arbeit weiterbilden in Form eines exemplarischen Lernens.“

E beginnt damit, ein konkretes Beispiel einer Sozialen Arbeit der Ermöglichung darzustellen: Menschen mit Behinderung wird ermöglicht, die verantwortliche Aufgabe der Außendarstellung wahrzunehmen.

Es wird deutlich, welcher enorme Zuwachs an Handlungsmächtigkeit, an „Sich-Selbstwirksam-Fühlen“, damit verbunden ist. Dies wird vor allem evident, wenn *E* vom Stolz und vom Selbstbewusstsein der betreuten Akteure/-innen bei der Erläuterung der Spezifik ihrer Arbeitsplätze berichtet.

Voraussetzungen seitens der professionellen Akteure/-innen Sozialer Arbeit sind, so *E,* dass Sie zum Einen in der Lage sein müssen, die Stärken der betreuten Akteure/-innen richtig einzuschätzen und bei Überforderungen richtig und angemessen durch gezielte Unterstützung zu reagieren.

Zum anderen müssen sie notwendige Lernprozesse so organisieren, dass zwar selbstständige Aneignung gewährt bleibt – *E* hebt hier den Aspekt des Zum-Subjekt-Werdens hervor – aber dennoch diese notwendigen Lernprozesse eine gewisse Struktur brauchen.

Das erinnert an Rainer Treptows im theoretischen Teil zitierten Hinweis, dass Bildungsprozesse Voraussetzungen brauchen, damit zunächst schwer nachvollziehbare Zusammenhänge von den betreuten Akteuren/-innen erschlossen werden können (vgl. 2012: 33).

Hierbei gilt es, das richtige „Fingerspitzengefühl“ zu entwickeln, um den betreuten Akteuren/-innen zwar die geeigneten Strukturierungen zu verschaffen, ihnen aber trotzdem hinreichend Freiraum zur selbstbestimmten aktiven Aneignung einzuräumen.

Betreute Akteure/-innen zu befähigen und ihnen zu ermöglichen, dann sogar selbst Bildungsprozesse für andere hinsichtlich einer guten Öffentlichkeitsarbeit zu strukturieren – ohne sie in ihrer Selbstverantwortlichkeit dieser Aneignung zu behindern -, ist ein weiterer Schritt zusätzlicher Agency und zeigt sehr plastisch, wie eine Soziale Arbeit der Ermöglichung umgesetzt werden kann.

3.2.3.2 Menschen mit Behinderung als Referenten/-innen in der beruflichen Fortbildung für Mitarbeiter und Mitarbeiterinnen in Werkstätten für Menschen mit Behinderung

„Inzwischen gibt es immer mehr Menschen mit Behinderung als Referentinnen und Referenten in der beruflichen Fortbildung für Mitarbeiter und Mitarbeiterinnen der Werkstätten für Menschen mit Behinderung. Sie gewinnen überdies hinaus aus ihren sozialen Netzwerken neue Referentinnen und Referenten. Aus Klienten werden Akteure, die sich in ihren Fähigkeiten und Ressourcen selbst erfahren. Das bedeutet auch ein Zuwachs an sozialen Rollen. Menschen mit Behinderung sind nicht mehr nur Teilnehmer sondern Referenten. Das erfordert natürlich Vorarbeit, damit die Betroffenen da Schritt für Schritt hineinwachsen können. Das ist aber für sie unglaublich befriedigend."

Dieser/ diese Experte/-in (*E*) schneidet hier ein weiteres Projekt der Verantwortungsübernahme, der Partizipation, der Ermöglichung selbstständiger Aneignungsprozesse und der Gewinnung von Agency an: Menschen mit Behinderung nehmen die Aufgaben von Referenten/-innen der beruflichen Fortbildung wahr. Sie nehmen damit eine neue Rolle ein, sind nicht mehr „nur" betreute Akteure/-innen sondern darüber hinaus betreuende/lehrende Akteure/-innen.

E macht darauf aufmerksam, dass eine Soziale Arbeit der Ermöglichung hier „eine Vorarbeit" leisten muss. Eine solche Vorarbeit besteht sicherlich in vielen Fällen – vor allem bei jenen betreuten Akteuren/-innen, die beschämende und erniedrigende Erfahrungen hinter sich haben – darin, sie zunächst zu ermutigen, um hinreichend Selbstvertrauen zu generieren, wie dies im entsprechender Absatz im theoretischen Teil mit Godehard Brüntrup und Maria Schwartz auf Kuhl und Storch bezugnehmend (2012: 183-187), erläutert wird.

Dann geht es darum, Bildungsprozesse für sie zu organisieren, in denen selbstständige Aneignung – wie ebenfalls im Theorieteil mehrfach expliziert - genügend Platz hat und zwar mit einem „lebenslaufbezogenen Bildungsverständnis", wie es dort mit Rainer Treptow (2012: 22-41) beschrieben wird.

Damit können sie eben genau jenen Vorteil nutzen, den die Menschen mit Behinderung mitbringen, nämlich dass sie auch selbst Betroffene sind und aus ihrem Lebenslauf heraus, aus ihrem Erfahrungsschatz lernend, auf diejenigen, die sie ausbilden, in einer produktiven Empathie eingehen können.

Auf dieser Basis können sie Fortbildungsprozesse generieren, die auch denjenigen, die sie unterrichten, wiederum selbstständige Aneignungsprozesse ermöglichen.

E beschreibt, dass die Übernahme der Rolle eines/einer Referenten/ineine „unglaubliche" Befriedigung für diese Menschen mit Behinderung mit sich bringt. Dadurch wird deutlich, dass es sich hier tatsächlich um Verwirklichung handelt, dass es sich bei der objektiven und subjektiven Möglichkeit, eine solche Rolle zu übernehmen um eine echte Verwirklichungschance handelt und es diesen Menschen mit Behinderung gelungen ist, diese auch zu nutzen.

3.2.3.3 Menschen mit Behinderung entwickeln als kreative Experten/-innen ein Orientierungssystem im öffentlichen Nahverkehr

„Da tun sich Menschen mit Behinderung zusammen, um ein barrierefreies Leitsystem für den öffentlichen Nahverkehr zu entwickeln, mit Symbolen, die jetzt vorne auf dem Bus drauf sind, damit jeder sofort erkennt: das ist mein Bus. Wenn es zum Krankenhaus geht, ein rotes Kreuz, zum Fußballstadion ein Fußball, für das Naherholungsgebiet eine Ente mit Teich. Wer schlecht sieht, Analphabet ist oder der deutschen Sprache nicht mächtig ist: Alle können erkennen, in welchen Bus sie einsteigen müssen. Neben den eindeutigen Symbolen hat noch jede Linie ihre eigene Farbe. Dass dies Vorbildfunktion für viele andere Verkehrsbetriebe hatte, ist für diejenigen Menschen mit Behinderung, die das entwickelten, eine wirklich tolle Erfahrung: Der Mensch mit Behinderung als Experte, der sagen kann, dies und dies braucht es, um barrierefrei agieren zu können".

Hier wird von einem/einer Experten/ in (**E**) ein drittes exemplarisches Beispiel einer Sozialen Arbeit der Ermöglichung, wiederum aus der Betreuungsarbeit von Menschen mit Behinderung, dargestellt.

Offenbar ist es hier den betreuten Akteuren/-innen gelungen, ihre eigenen Lebenserfahrungen positiv einzubringen. Die Einen konnten vielleicht aus einer Sehbehinderung heraus, die Ziffer auf dem Bus oder der Straßenbahn nicht lesen, anderen war es vielleicht oft nicht möglich, sich zu merken, welche Bus- oder Straßenbahnlinie wohin fährt etc...

Die Kompetenz der betreuten Akteure/-innen besteht ja zunächst darin, aus der subjektiven Lebenserfahrung heraus beurteilen zu können, was alles eine Barriere darstellen kann. Barriere erzeugende Sachverhalte die einem Menschen, der diese Erfahrungen noch nicht gemacht hat, zunächst nicht auffallen: dass eben nicht nur die Stufen des Busses oder der Straßenbahn Barrieren darstellen, sondern eben auch eine gewissermaßen undurchsichtige Struktur, die Orientierungslosigkeit als Barriere generieren kann.

Diese Lebenserfahrungen nun positiv zu wenden und auf die Idee zu kommen, ein neues Orientierungssystem zu entwickeln, in das alle diese Erfahrungen einfließen können, ist tatsächlich eine beeindruckende Leistung.

Hier zeigt sich, dass Ermutigung und Ermöglichung von Verwirklichung zunächst nicht geahnte Fähigkeiten und Kompetenzen freisetzen kann. Die betreuten Akteure/-innen, die im Verlaufe ihrer Biografie oft von ihrer sozialen Umwelt, manchmal sogar einschließlich ihrer Betreuer/-innen, lediglich als bedauernswert und hilfebedürftig wahrgenommen wurden, stellen in einem selbstbestimmt organisierten Projekt fest, dass sie etwas bewegen können und fühlen sich selbstwirksam, handlungsmächtig. Ihre Ideen können etwas bewirken, etwas verändern.

Durch das von ihnen entwickelte neue Orientierungssystem können viele andere Menschen mit Behinderung am gesellschaftlichen Leben selbstständig teilhaben. Das selbstbestimmte Projekt hat denjenigen, die daran teilgenommen haben, Agency vermittelt, Verwirklichungschancen bereitgestellt und ihnen erlaubt, ihre eigenen Fähigkeiten und Lebenserfahrungen so zu nutzen, dass ihre Ideen auch für weitere Menschen mit Behinderung ermöglichenden Charakter haben.

3.2.3.4 Grundhaltungen professioneller betreuender Akteure/-innen in einer Sozialen Arbeit der Ermöglichung

„Im Rahmen einer Sozialen Arbeit Verantwortung an betreute Akteure/ -innen zu übergeben ist manchmal gar nicht so einfach. Denn die professionellen Helfer und Helferinnen müssen etwas aus der Hand geben, sind möglicherweise verunsichert, müssen sich in Frage stellen. Dies verändert die professionelle Rolle stark, aber auch die Rolle der betreuten Akteure und Akteurinnen. Dass sie sich als Subjekt in verschiedenen Rollen erleben können, das bewirkt, dass sie aufleben. Egal, ob Jugendliche, ältere Menschen oder Menschen mit Behinderung... Das sollte eigentlich nichts Besonderes sein, sondern es sollte eine Selbstverständlichkeit sein, dies zu ermöglichen: Räume zu eröffnen, neue Rollen, auch neue soziale Rollen erkennbar machen...Ermöglichung heißt hier, neue Rollen zu erleben. Nicht nur sich in der Rolle des Sonderschülers oder psychisch Kranken zu fühlen, sondern auch die anderen Anteile in der Persönlichkeit ausleben zu können, wie beispielweise die kreativen Fähigkeiten....Für mich heißt Ermöglichung auch: genauer hinschauen...ich versuche die Person in ihrem Selbstverständnis und ihrer Orientierung zu verstehen...im vertrauensvollen Kontakt lässt es sich feststellen, was eine Person ausfüllt, was sie sich zutraut ...dass betreute Akteure und Akteurinnen die Möglichkeit haben, sich zu entscheiden, dazu können wir etwas beitragen: sei es an Ermutigung, Stabilisierung von Selbstvertrauen, indem wir beispielsweise den Betroffenen das Gefühl geben: ‚meine Entscheidung ist etwas wert'. Da können wir atmosphärisch sehr viel dazu beitragen."

Zunächst betont der/die Experte/in(E) hier die Schwierigkeit, die sich für professionelle betreuende Akteure/-innen aus dem Selbstverständnis einer Sozialen Arbeit der Ermöglichung heraus für ihr professionelles Rollenverständnis ergeben. Den betreuten Akteuren/-innen Agency durch Übergabe von Verantwortung zu ermöglichen bedeutet eben für die professionellen betreuenden Akteure/-innen auch, sich in klar umgrenzten Bereichen nicht einzumischen und den betreuten Akteuren/-innen zuzutrauen, dass sie die ihnen übertragenen Aufgaben auch ohne Kontrolle oder Einmischung in guter Weise bewältigen werden. Darauf, dass dies gut vorbereitet sein muss, z.B. durch Initiierung geeigneter selbstständiger Aneignungsprozesse, wurde bereits oben verwiesen.

Dieser Verzicht auf Kontrolle und /oder Einmischung fällt professionellen betreuenden Akteuren/-innen nicht immer leicht, da sie häufig Sanktionen seitens ihrer vorgesetzten Personen und/oder Dienststellen befürchten, wenn etwas „schief geht".

Insofern wird auch deutlich, dass eine Soziale Arbeit der Ermöglichung – so sie denn praktisch umgesetzt werden soll – innerhalb einer Organisation konzeptionell verankert sein muss und den Mitarbeiter/-innen an der Basis seitens ihrer Vorgesetzten diesbezüglich Verständnis und Unterstützung zu Teil werden sollte.

Den betreuten Akteuren/-innen durch Verantwortungsübergabe Agency zu ermöglichen, setzt – das betont E mit etwas Aplomb – des Weiteren die Fähigkeit zu Eigenreflexivität der professionellen Helfer/-innen voraus. Eine sehr gute Unterstützung würden dazu beispielsweise Team – und/oder Einzelsupervisionsprozesse sowie kollegiale Beratung bieten, um die angemessene professionelle Rolle entwickeln zu können und sich ergebende Verunsicherungen nicht nur zu bewältigen, sondern als Chance für die Implementierung ermöglichender Prozesse zu nutzen.

Um den zu betreuenden Akteuren/-innen das von E beschriebene „Aufleben" im Besitz von Agency zu ermöglichen, fordert E eine differenzierte Wahrnehmung betreuter Akteure/-innen, also die Fähigkeit einer die Ganzheit der Persönlichkeit Rechnung tragenden Beobachtung.

Daraus soll, so E, ein Verständnis des zu betreuenden Subjektes resultieren, das sich an seinem Selbst orientiert, um einen „vertrauensvollen Kontakt" aufbauen zu können. Dieser bildet die Grundlage dafür, die betreuten Akteure/-innen als Subjekt zu würdigen und ihnen die (Wieder-) Erlangung von Agency und die Organisation selbstbestimmter Aneignung zu ermöglichen, um dadurch Verwirklichungschancen ergreifen und am gesellschaftlichen Leben teilhaben zu können.

Grundhaltungen professioneller betreuender Akteure/-innen innerhalb einer Sozialen Arbeit der Ermöglichung sind also vor allem: Eigenreflexivität, differenzierte Wahrnehmung, lebensweltorientiertes Verstehen, Zutrauen und Vertrauen im Kontakt mit den betreuten Akteuren/-innen, Sensibilität für deren Verwirklichungschancen und die Eröffnung sowie das Offen- Halten von Entscheidungsmöglichkeiten.

Soweit die Darstellung und Interpretation des erhobenen empirischen Materials zu einer Sozialen Arbeit der Ermöglichung, schwerpunktmäßig und exemplarisch auf das Arbeitsfeld der Sozialen Arbeit mit Menschen mit Behinderung bezogen.

Ergänzend dazu sollen in einem weiteren Teil dieser Abhandlung – auf der Basis des im ersten Teil entwickelten theoretischen Bezugsrahmens und den in diesem Teil reflektierten empirischen Befunden zu einer Sozialen Arbeit der Ermöglichung – die Potentiale der Implementierung inkludierender Angebote im Rahmen einer Sozialen Arbeit der Ermöglichung im Bereich der Kinder- und Jugendbetreuung erörtert werden.

4 Soziale Arbeit der Ermöglichung am Beispiel von Inklusion in der Kinder- und Jugendarbeit

„Würde uns Inklusion ... konsequent gelingen, hieße das im Erleben aller Kinder: 'Trotz meiner Handicaps und Selbstzweifel – die anderen sind schlauer, wilder, beweglicher, lieber, schöner, dümmer, braver, beliebter, haben eine dunklere oder hellere Hautfarbe, glauben oder essen etwas anderes, sind ärmer oder reicher – treffe ich mich zweimal in der Woche mit den anderen in meiner Gruppe, weil ich sie brauche und weil sie mich brauchen.' „ aus: *V*erein der Kindernöte e.V. in Köln-Chorweiler, Rundbrief Sommer 2011

4.1 Ein Inklusionsverständnis jenseits des Imperativs von Leistungs- und Effizienzkalkülen

Der Gedanke einer inklusiven Gesellschaft sollte, insbesondere seit sich die Bundesrepublik Deutschland zur Umsetzung der UN-Behindertenrechtskonvention verpflichtet hat, notwendiger Weise in allen Bereichen gesellschaftlicher Wirklichkeit diskutiert werden, um die jeweils angezeigten inklusiven Maßnahmen zu entwickeln, zu kommunizieren und ihre schrittweise Umsetzung zu implementieren. Dazu sollen die folgenden Erörterungen beitragen.

Die Rede von Inklusion verweist auf „eine theoretische und begriffliche Neuentwicklung in der Sozialwissenschaft der letzten dreißig bis vierzig Jahre" (Stichweh, R.: 2013: 1). Rudolf Stichweh ortet drei maßgebliche „Quellen und Ursprungstexte" dieser Entwicklung:

„Da ist zunächst die soziologische Systemtheorie in der Spielart, die sich mit den Namen Talcott Parsons und Niklas Luhmann verknüpft. Diese spricht von Inklusion und Exklusion dort, wo sie die Form der Beteiligung und der Berücksichtigung von Personen in Sozialsystemen analysiert.

Das setzt eine ausgearbeitete Theorie des Sozialsystems voraus, und es setzt die Vorstellung voraus, dass Personen zur Umwelt von Sozialsystemen gehören und von diesen in verschiedener Weise kommunikativ einbezogen werden können...

Eine zweite Quelle der neuen Begrifflichkeit findet sich in der französischen Sozialtheorie. Diese hatte bereits seit Durkheim den Begriff der Gesellschaft mit dem der Solidarität nahezu in eins gesetzt. Inklusion und Exklusion meinten dann das Gelingen oder das Scheitern der Solidarität, und die französische Diskussionssituation verkörpert seit den sechziger und siebziger Jahren den einzigen Fall, in dem die Semantik der Inklusion und Exklusion in der Sozialpolitik genauso präsent ist wie in der Sozialtheorie. Vor diesem Hintergrund entfaltet sich ein breites Spektrum von Theoretisierungen...

Als dritter Herkunftskontext einer Soziologie der Inklusion und Exklusion ist die britische Wohlfahrtsstaatstheorie seit Thomas Humphrey Marshall zu nennen... Diese dachte die kommunikative Berücksichtigung von Personen in Sozialsystemen als Mitgliedschaft nach dem Paradigma von ‚citizenship'..." (Stichweh, R. 2013: 1).

Die im ersten Ansatz beschriebene Analyse der „Form der Beteiligung und der Berücksichtigung von Personen in Sozialsystemen" verweist auf die Erweiterung sozialer Teilhabe, die einen maßgeblichen konstituierenden Faktor bei der Implementierung einer inkludierenden Kinder- und Jugendarbeit bildet.

Im zweiten Ansatz wird im Zusammenhang von Inklusion auf gesellschaftliche Solidarität eingegangen. Dies verweist auf den Zusammenhang von Inklusion und sozialer Gerechtigkeit mit einer möglichst breiten Verfügbarkeit von Verwirklichungschancen.

Im dritten Kontext verweist Inklusion auf „citizenship", also einer akzeptiert gleichberechtigten kommunikativen Beteiligung des Einzelnen im Gemeinwesen, was selbstbestimmte Aneignung und Handlungsmächtigkeit impliziert.

Alle drei Ansätze weisen also einen klaren Bezug zu der im ersten Teil dieser Abhandlung entwickelten theoretischen Rahmung auf.

Bezogen auf die hier zu thematisierende Debatte um Inklusion in der Kinder- und Jugendarbeit können also die oben erarbeiteten konzeptionellen Eckpfeiler einer Sozialen Arbeit der Ermöglichung eine wichtige Rolle spielen.

Denn die Ermöglichung selbstbestimmter Aneignungsprozesse und Handlungsmächtigkeit, damit auch die Arbeit an den Fähigkeiten, Verwirklichungschancen nutzen zu können und in diesem Zusammenhang soziale Teilhabe zu erweitern, eignen sich – das wird aus den einführenden Betrachtungen heraus deutlich – ausgesprochen gut zur Umsetzung inklusiver Prozesse.

Sicherlich wird in der Debatte um Inklusion von vielen, die an dieser Debatte teilnehmen, Inklusion nicht im Zusammenhang mit der Steigerung von selbstbestimmten Aneignungsprozessen und Handlungsmächtigkeit gesehen, sondern es wird von diesen die Vorstellung von Inklusion innerhalb von Normierungen angesiedelt, die „eine hierarchische Struktur machtvoller Instanzen" spiegeln (Becker, U. 2015: 13).

Innerhalb einer so verstandenen Inklusion ist es fraglich, ob jene, die inkludiert werden sollen, ihre Interessen hinreichend artikulieren können oder ob sie lediglich erneut zu verwaltbaren Objekten degradiert werden, wie dies im theoretischen Teil dieser Abhandlung unter Bezugnahme auf die von Thiersch, Bolay und Bizan verfasste Veröffentlichung „Die Stimme des Adressaten" diskutiert wurde.

Inklusionsprozesse innerhalb derer die Adressaten/-innen dagegen ohne normierenden Fremdzwang ein mehr an selbstbestimmter Aneignung und Handlungsmächtigkeit leben können, sieht Uwe Becker, der sich kritisch-reflexiv mit den Rahmenbedingungen und Inhalten von Inklusion auseinandersetzt, nur gewährleistet, wenn die „Lebensweisen ,der Gesellschaft' weniger uniform werden, .. Zielgeraden der Lebensführung ihre Dominanz verlieren, .. Leistungs- und Effizienzkalküle ihren imperativen Charakter einbüßen und .. Menschen ohne Behinderung auch von denen mit Behinderung lernen, anstatt .. nur Menschen mit Behinderung lernen, sich in die Lern- und Lebensweisen der anderen einzufügen" (Becker, U. 2015: 41).

Anzustreben wäre also ein Inklusionsverständnis im Sinne des ebenfalls im theoretischen Interpretationshorizont dargestellten Capability Approach in dem es „der politischen Verfassung obliegt, ..., den gesellschaftlichen Subjekten, die für ein im vollen Sinne gutes menschliches Leben notwendigen Bedingungen zur Verfügung zu stellen', die allen die Möglichkeiten bieten, ,in einer Weise tätig zu sein, die konstitutiv für ein gutes menschliches Leben ist' (Nussbaum,1999: 90)" (Becker, U. 2015: 17).

„Insofern könnte die Debatte über ,Inklusion' ernsthaft und radikal geführt", so Becker weiter, „eine anspruchsvolle Bewährungsprobe für die nicht behinderte ,Mehrheitsgesellschaft' sein, sich selbst kritisch und lernfähig zu hinterfragen bezüglich der inneren Logik des Systems und der Sinnhaftigkeit der Lebensführung ihrer Subjekte" (ebd.: 68).

4.2 Der Inklusionsgedanke fällt in der Kinder- und Jugendarbeit auf fruchtbaren Boden: Soziale Teilhabe, Selbstverwirklichung und Bildungsprozesse durch selbstbestimmte Aneignung

Nach diesem etwas breiteren und kritischen Blick auf die Rahmenbedingungen und die inhaltliche Ausgestaltung dessen, was in dieser Abhandlung unter Inklusion verstanden wird, soll nun der Blick darauf gerichtet werden, wie eine solche sich innerhalb der Kinder- und Jugendarbeit vollziehen könnte.

Dass sich im Rahmen der breiten Debatte um die gesellschaftliche Umsetzung von Inklusion die Aufmerksamkeit zunehmend auf dieses Arbeitsfeld, die Kinder- und Jugendarbeit richtet, ist evident, denn

> „Kinder- und Jugendarbeit könnte .. eine Vorreiterstellung auf dem Weg zur Herstellung heterogener Lern- und Erlebniswelten und uneingeschränkter Teilhabe auf dem Weg zu einer inklusionsorientierten Gesellschaft spielen", wie dies Clemens Dannenbeck und Carmen Dorrance treffend formulieren (2014: 153).

Werden doch in der Kinder- und Jugendarbeit im Gegensatz zu den meisten Regelschulen schon seit Jahrzehnten Bildungsprozesse initiiert, innerhalb derer selbstständige und selbstbestimmte Aneignung und Selbstverwirklichung eine große Rolle spielen und soziale Teilhabe ermöglicht wird.

Beispielsweise werden diesen Ansprüchen zahlreiche Projekte der Jugendkulturarbeit gerecht, bei denen in ermöglichenden räumlichen Verhältnissen durch strukturierende Präsentation von Lebenswirklichkeit die Sinne geschult und Fähigkeiten kultiviert werden können und damit auch in gegebenen Ungleichheiten Bildungsmöglichkeiten freigesetzt werden (vgl. Glöckler, U. 1999: 250-252).

In dialogischen Prozessen zwischen Wahrnehmung und ästhetischer Aktion werden den Kindern und Jugendlichen Kooperation und Partizipation ermöglicht sowie an Selbstentwürfen und Sinnzusammenhängen gearbeitet (ebd.: 253-256). Gemeinsame Interessen innerhalb von Verschiedenheit, also bei Kindern- und Jugendlichen mit unterschiedlichen ethnischen Zugehörigkeiten und diversen kulturellen Orientierungen werden herauskristallisiert, und autobiografische Reflexionen unterstützt.

Ein Ausschnitt aus der Beschreibung eines jugendkulturellen Angebotes im Rahmen offener Kinder- und Jugendarbeit in den neunzehnhundertneunziger Jahren, einer sogenannten „Musikwerkstatt", soll dies und die lange Tradition eines oben als „biografisches" bezeichneten Bildungsverständnisses in diesem Arbeitsfeld illustrieren:

> „Fatma, eine sehr selbstbewusste Türkin, nahm mit Enthusiasmus an dem Angebot der Musikwerkstatt teil ... Sie kam jeden Tag, trotz Schulstress, und übte ... Schlagzeugspielen konnte sie jetzt ... besser als ihre deutschen Freundinnen. Und Schlagzeug spielen zu können, war eine hoch akzeptierte Fähigkeit in ihrem Freundeskreis. Die erfahrenen Demütigungen aufgrund der etwas schlechteren Verbalisationsfähigkeit, insbesondere im schriftlichen Bereich, wurden hierdurch mehr als ausgeglichen; Gruppenstatus und Selbstbewusstsein stiegen.

Das Aufarbeiten dieser symbolischen Bedeutung des Schlagzeugspielens führte zur Schilderung weiterer demütigender Erlebnisse zu Beginn Fatmas Aufenthalt in Deutschland. Von den Beschimpfungen ihrer Familie durch Nachbarn als ,knoblauchfressende Türkenbande' oder ,verfluchte Muselmänner' über stigmatisierende Äußerungen von Lehrern/-innen – wie jene, in der eine Lehrerin sich über die ,mentalitätsbedingte mangelnde Lernaktivität von Südländern' ausließ -, bis hin zu teilweise entmündigenden Erfahrungen innerhalb der Auseinandersetzung mit den Ausländerbehörden, die sie – als die deutsche Sprache am besten beherrschendes Familienmitglied – für die Familie führte.

Eine zweite symbolische Bedeutung des Schlagzeugspielens lässt sich wie folgt entschlüsseln:

Als Mädchen, speziell als türkisches Mädchen, wurde ihr von Seiten des Elternhauses – aber auch des vorwiegend türkischen Bezugsmilieus – immer wieder die Begrenztheit potentiellen Handelns gegenüber ihren beiden Brüdern bewusst gemacht. Eine klare Rollenzuweisung bezüglich bestimmter Musikinstrumente gehört auch dazu. So ist es für ein türkisches Mädchen nicht üblich, Schlagzeug zu spielen. Das gilt – nicht nur innerhalb des türkischen Kulturkreises – durchaus als maskuline Tätigkeit. ,Mein Vater und meine Brüder würden das nicht akzeptieren, dass ich Schlagzeug lerne' sagt Fatma, ,sie wissen nichts davon'.

Es wird deutlich, dass diese Aufarbeitung die Auseinandersetzung mit ihrer geschlechtsspezifischen Erziehung und insbesondere auch mit den normativen Unterschieden innerhalb der unterschiedlichen Kulturen, in denen sie sich bewegt, intensiviert.

Es entstand ein produktives Ineinander von Erfahrungsaufarbeitung, Selbstfindung, und Aneignung von Fertigkeiten als vielschichtiger Bildungsprozess ... ermöglicht durch die im Rahmen lebensweltspezifischen gemeinsamen Gestaltens entstandene pädagogische Beziehung" (Glöckler, U. 1999: 263 f.).

Da also offene Kinder- und Jugendarbeit derartige Bildungsprozesse schon mit langer Tradition implementiert und ermöglicht, ist insbesondere durch die sie prägenden „Momente der Subjektorientierung, Selbstbestimmung und Selbstorganisation" (Dannenbeck, C./ Dorrance, C. 2014:153) die angesprochene Vorreiterrolle dieses Arbeitsfeldes hinsichtlich einer auf Inklusion zielendenden Sozialen Arbeit evident.

4.3 Gefahren und Hindernisse – Reproduktionslogik von Differenz

Dabei geht es, so Clemens Dannenbeck und Carmen Dorrance „nicht darum, sich mit der Kategorie Behinderung eine weitere Differenzkategorie konzeptionell und methodisch anzueignen, sondern vielmehr um die Interdependenzen zwischen Anerkennung von Vielfalt und der Reproduktionslogik von Differenz an sich" (ebd.).

Die Anerkennung von Vielfalt ist zunächst die Akzeptanz der Tatsache, dass es verschiedene körperliche, psychische und soziale Entwicklungen und Entwicklungsresultate bei Menschen gibt.

Die Reproduktionslogik von Differenz impliziert die Tatsache, dass sich soziale Ungleichheit von Generation zu Generation immer wieder neu herstellt.

Zu klären ist die Frage, wie mangelnde Anerkennung von Vielfalt mit der Reproduktionslogik sozialer Ungleichheit zusammenhängt und welche Konsequenzen für eine inklusionsfördernde Kinder- und Jugendarbeit daraus zu ziehen sind:

Die häufig mangelnde Anerkennung von Vielfalt hängt mit einem in Sozialisationsprozessen erworbenen Normalitätsbegriff zusammen, aus dem Defizitdefinitionen und durch Definition des Normalen begründete Abgrenzungen, Ausgrenzungen und Stigmatisierungen als abweichend resultieren.

Diese Definitions- und Stigmatisierungsprozesse mit den diversen Labels für „abweichend" oder „defizitär" führt – in Verbindung mit der daraus folgenden Selbst-Verunsicherung der Betroffenen – zu sozialer Diskriminierung und Reduktion von gesellschaftlicher Teilhabe. Sie vermindern die Verwirklichungschancen in beruflichen und privaten Kontexten und tragen so zur Reproduktion sozialer Ungleichheit bei. Darin besteht die Verbindung zwischen Nicht-Anerkennung von Vielfalt und sozialer Ungleichheit.

Die Reproduktion sozialer Ungleichheit findet auf den unterschiedlichsten Ebenen des gesellschaftlichen Lebens statt. Für die Kinder- und Jugendarbeit sind sicherlich mehrere davon relevant: beispielsweise die Sozialisationsbedingungen der betreuten Kinder und Jugendlichen im Kontext spezifischer familiärer Konstellationen, die verfügbaren Ressourcen im für Aneignungsprozesse relevanten sozialen Raum oder die Qualität der nutzbaren Bildungsmöglichkeiten.

4.4 Kooperation der Kinder- und Jugendarbeit mit der Regelschule – Chancen und Risiken

Auf letztere Ebene soll hier etwas ausführlicher eingegangen werden, insbesondere auf die Rolle der Institution Schule. Sie spielt für die Kinder- und Jugendarbeit nicht nur deshalb eine große Rolle, weil ein großer Teil derjenigen, die ihre Angebote nutzen, Schüler sind, sondern vor allem auch durch die heute immer häufiger werdende vielfältige Verwobenheit mit der Schule, auf die bereits in der

Auswertung der empirischen Ergebnisse der Erhebung in dieser Abhandlung eingegangen wurde. Meist handelt es sich dabei um Kooperationsprozesse zwischen der Kinder- und Jugendarbeit und der Regelschule. Daher wird etwas genauer der Zusammenhang zwischen der Reproduktionslogik sozialer Ungleichheit mit der Allokations- und Selektionsfunktion der Regelschule (vgl. Moser, I.; Schneider, R. 2015: 92 und Ritter, S. 2008: 4) beleuchtet werden.

Bei einer wirklichen Akzeptanz von Vielfalt im Schulalltag könnte die schulische Leistungsbewertung in der heute an staatlichen Regelschulen üblichen Weise nicht mehr erfolgen. Den Selektions- und Allokationsprozessen und damit der Reproduktion sozialer Ungleichheit würde damit also entgegengewirkt werden.

Ob dies allerdings im Zuge der Umsetzung der Behindertenrechtskonvention der Fall sein wird, ist leider eher zu bezweifeln, da Selektion und Allokation nach wie vor wesentliche gesellschaftliche Funktionen von Schule darstellen (vgl. ebd.).

Des Weiteren stellt sich die Frage, ob dem mit der Umsetzung inklusiver Prozesse notwendiger Weise verknüpften zunehmenden Bedarf an qualifiziertem Personal in Regelschulen ausreichend Rechnung getragen wird.

So konstatiert Rudolf Stichweh:

> „Es ist eine vorläufig offene Frage, ob diese Umstellung auf integrierende Inklusion erfolgreich sein wird. Differenzen, die bisher Differenzen zwischen im Leistungsniveau separierten Klassen derselben Schule (wie in der amerikanischen ‚High School') waren oder Differenzen zwischen Schultypen, die Behinderungen und Vorteilen Rechnung trugen, werden jetzt als Differenzen in die integrative Klasse der Regelschule importiert... Vermutlich lösen sie die situativ-kommunikative Einheit des Klassenverbandes auf zugunsten eines Nebeneinanders von miteinander koordinierten, aber parallel zueinander ablaufenden Fördersituationen."

Das wäre eine zwangsläufige Abkehr vom sogenannten „Frontalunterricht", in dem die Lehrkraft von vorne den Unterrichtsstoff vermittelt. Vielmehr müssten dann Konzepte umgesetzt werden, innerhalb derer relativ viel selbstständige Aneignung durch die Kinder möglich wäre und die Lehrkräfte beispielsweise Lerngruppen betreuen würden, die – je nach Fach oder Fachgebiet – jeweils unterschiedliche Wissensniveaus und/oder Lerngeschwindigkeiten hätten. Das wäre schon ein Einstieg in die Akzeptanz der Vielfalt.

Stichweh ist allerdings skeptisch bezüglich der Umsetzung solcher Konzepte in allgemeinen Regelschulen. Er merkt an: „Ob dafür das Personal zur Verfügung steht, ist offen, und dies definiert eine anspruchsvolle und extrem kostspielige Bedingung des Erfolgs. Wenn diese Bedingung nicht erfüllt werden kann, ist die Möglichkeit nicht auszuschließen, dass individuelle Förderbedarfe weit weniger kommunikativ berücksichtigt werden als dies in Sonder-/Förderschulen der Fall ist. Und dann droht im ungünstigsten Fall die integrierte Klasse, die die *inkludierende Exklusion* (Hervorhebung im Original) der Sonderschulen ersetzt, zu einem Ort der *exkludierenden Inklusion* (Hervorhebung im Original) zu werden, ... an dem das formale Moment der Inklusion in ein und dieselbe Klasse faktisch durch zunehmende Exklusion überlagert wird, weil die Abstände innerhalb der Klasse von Jahr zu Jahr größer werden und dann beim Übergang zur Sekundarschule das Schulsystem erneut auf Sonderschulen zurückgreifen muss, die dann möglicherweise unter ungünstigeren Bedingungen starten, als dies vor der Behindertenrechtskonvention der Fall war" (Stichweh, R. 2013: 1 f.).

Rudolf Stichweh befürchtet also, dass die hohen Erwartungen an inklusive Klassenverbände nicht erfüllt werden, da innerhalb bestehender Rahmenbedingungen in Regelschulen der Inklusionserfolg sich nicht einstellen kann. Kinder mit Behinderung werden häufig mit dem Label „Inklusionskinder" definiert, damit stigmatisiert und – aus Personalmangel, unzureichenden pädagogischen Konzepten, curricularen Vorgaben etc.- innerhalb des Unterrichtsgeschehens de facto exkludiert.

Nicht nur Stichweh befürchtet solche Entwicklungen sondern auch Uwe Becker, der bezweifelt, ob die Einführung von „Inklusionsklassen" bereits eine bedeutende Voraussetzung für Partizipation sind, da Kinder mit Behinderung dabei häufig keine „schulische Schlüsselqualifikation" erlangen würden, „die aber für gesellschaftliche Teilhabe immer wieder als das zwingende zu passierende Eintrittstor beschrieben wird" (Becker, U. 2015: 13).

Einige bereits erfolgte empirische Untersuchungen zu diesem Themenbereich könnten diese Skepsis von Rudolf Stichweh und Uwe Becker untermauern. So kommen in ihrer empirischen Untersuchung über Teilhabe von Kindern und Jugendlichen in der Schule Alicke und Eichler zum Ergebnis, dass „Schule weiterhin auf einen homogenisierenden und normierenden Bildungsauftrag konzentriert" sei (Alicke, T./Eichler, A. 2015: 96). Sie stellen des Weiteren fest, dass es sich bei den schulischen „Integrationsmaßnahmen" häufig nur um „punktuelle Ansätze" handeln würde,

> „bei denen die gemeinsame Beschulung von Schüler/innen mit und ohne Förderbedarf und/oder die individuelle Förderung von Schüler/innen mit besonderem Förderbedarf nur einmalig oder an einigen Stunden in der Woche stattfindet ... Als isolierte und alleinige Maßnahmen werden solche punktuellen Ansätze von den befragten Expert/innen aus mehreren Perspektiven heraus kritisch betrachtet: Zum einen sind diese Aktionen nicht an langfristig bestehenden Bedarfen orientiert und kaum dazu geeignet, eine kontinuierliche Förderung zu gewährleisten. Gleichzeitig bilden sie Strukturen, an denen sich die Schüler/innen orientieren müssen und die nicht dazu geeignet sind, auf momentane Bedürfnisse zu reagieren...Schließlich wirken diese

Einzelmaßnahmen für die betroffenen Schüler/innen häufig stigmatisierend und sind damit eher hinderlich für eine Teilhabe an der Gemeinschaft...Eine umfassende und langfristige strukturelle Ausrichtung auf kontinuierliche Bedarfe findet so jedoch nicht statt" (Alicke, T./Eichler, A. 2015: 98 f.).

Insgesamt zeigt sich also, dass die bis jetzt erfolgten Maßnahmen im regelschulischen Alltag (noch) nicht geeignet sind, hinreichend inklusive Wirkung zu entfalten.

Im Wunsch nach veränderten Rahmenbedingungen des Alltags an Regelschulen postulieren Alicke und Eichler den weiteren „Ausbau von Kooperation und Vernetzung auf allen Ebenen und zwischen den verschiedenen Akteuren, die mit der Bildung und Förderung von Kindern und Jugendlichen beauftragt sind" und bezeichnen dies als „eine wichtige Gelingensbedingung von inklusiver Schule" (ebd.: 104).

Damit sind wir wieder an jenem Punkt, der dafür ausschlaggebend war, im Zusammenhang der Reproduktion sozialer Ungleichheit die gesellschaftliche Ebene der verfügbaren Bildungsmöglichkeiten und insbesondere die Rolle der Regelschule näher unter die Lupe zu nehmen, nämlich die sich verstärkende Kooperation von Kinder- und Jugendarbeit mit der Regelschule.

Seitens der Kinder- und Jugendarbeit sollte sehr genau reflektiert werden, wie eine solche Kooperation aussehen könnte.

Wünschenswert wäre es, wenn inklusive pädagogische Konzepte, die auf selbstbestimmter Aneignung, Akzeptanz von Vielfalt und Partizipation gründen, über eine gezielte Zusammenarbeit mit der Regelschule bei konzeptioneller Gestaltung dieser durch die Kinder- und Jugendarbeit im schulischen Alltag Einzug halten würden.

Solche Projekte können sich aber nur dort entfalten, wo Leistungsbewertung in Form individueller Notenvergabe nach objektiv bestimmbaren Leistungsniveaus nicht stattfindet. Kooperationsprojekte dieser Art sollten auf Kontinuität und Nutzung des kreativen Potentials der teilnehmenden Kinder und Jugendliche gründen. Die teilnehmenden Kinder- und Jugendlichen sollten dabei die Möglichkeit haben, unter verschiedenen Angeboten das für sie passende auszuwählen, selbst zu entscheiden mit wem sie zusammen eine Gruppe bilden möchten und die Teilnahme sollte freiwillig sein.

Keinesfalls aber darf sich in Prozessen der Zusammenarbeit die Kinder- und Jugendarbeit von den momentanen Strukturen der Regelschulen dominieren lassen. Denn anstelle die oben beschriebenen, noch unzureichenden schulischen Inklusionsmaßnahmen sinnvoll zu ergänzen, wäre dann durch Tendenzen der Instrumentalisierung von Kinder- und Jugendarbeit seitens der Regelschule zu befürchten, dass die eingangs beschriebenen, selbstwertfördernden und durch selbstbestimmte Aneignungsprozesse geprägten Bildungsprozesse in zunehmenden Maße durch selektionsfördernde verdrängt werden.

In diesem Falle könnten sich zur Stigmatisierung beitragende Prozesse in der Kinder- und Jugendarbeit sozusagen durch die Hintertür einschleichen.

4.5 Spezifische professionelle Kompetenzen von pädagogischen Mitarbeitern/-innen innerhalb einer Inklusion ermöglichenden Sozialen Arbeit mit Kindern und Jugendlichen

Vor diesem Hintergrund wird deutlich, dass die Forderung von Clemens Dannenbeck und Carmen Dorrance nach einer „Reflexion des eigenen professionellen Handelns" (2014: 154) äußerst berechtigt ist. Mitarbeitern/-innen innerhalb einer inkusionsfördernden Kinder- und Jugendarbeit sollten in der Lage sein, eine „Analyse der Logik von Differenzsetzung" vornehmen zu können (ebd.). Dabei sollten sie erkennen können, „dass auch die eigene professionelle Praxis Ungleichheit und Differenz (re-)produzieren kann" (ebd.).

Die Reflexion dieser Gefahren, die Konsequenzen daraus und die Akzeptanz sowie die Wertschätzung von Vielfalt in der Kinder- und Jugendarbeit können Grundlagen für Angebote und Maßnahmen schaffen, die Kinder und Jugendliche befähigen, stigmatisierende Erfahrungen im schulischen und betrieblichen Alltag besser verarbeiten zu können.

Damit lässt sich die Reproduktionslogik sozialer Ungleichheit innerhalb der bestehenden gesellschaftlichen Grundstrukturen selbstverständlich nicht aufheben, es kann aber davon ausgegangen werden, dass Akzeptanz von Vielfalt in der Kinder- und Jugendarbeit zu sozialen Prozessen beiträgt, die soziale Ungleichheit zu vermindern vermögen.

4.5.1 Reflexiv-kritische Analyse

Die genannte reflexiv-kritisch Analyse sollte sich zunächst auf die Qualität von „Selbstbestimmung, Diskriminierungsfreiheit und gleichberechtigte Teilhabe" (Bielefeldt, H. 2009: 4) beziehen, wie dies explizit innerhalb der Menschenrechtskonventionen – insbesondere in der Konvention über die Rechte von Personen mit Behinderungen – rechtsverbindlich verankert ist (vgl. ebd.).

Die professionellen Mitarbeiter/-innen in der Kinder- und Jugendarbeit sollten in der Lage sein, Behinderung auch als eine gesellschaftliche Konstruktion zu verstehen, also zu durchblicken, dass die Relevanz, die bestimmten physischen, psychischen, mentalen oder sensorischen Beeinträchtigungen zugeschrieben wird, Resultat gesellschaftlichen Handelns ist (vgl. ebd.: 8 f.).

Um diesen Prozess begrifflich zu fassen, werden in der einschlägigen Fachdiskussion die biologisch bedingten Beeinträchtigungen als „impairments" und die gesellschaftlichen Zuschreibungen als „disabilities" bezeichnet (a.a.O.).

Einen Teil des theoretischen Bezugsrahmens der reflexiv-kritischen Analysen eigener Praxis – und damit auch Hintergrund einer Sozialen Arbeit der Ermöglichung sozialer Inklusion – kann die o.g. Konvention bilden.

Individuelle Autonomie einerseits und soziale Inklusion andererseits bilden ihre beiden Grundpfeiler. Zum Verhältnis dieser zueinander bemerkt Heiner Bielefeldt: „Erst in der wechselseitigen Verwiesenheit wird klar, dass Autonomie gerade nicht die Selbstmächtigkeit des ganz auf sich gestellten Einzelnen (...) meint, sondern auf selbstbestimmtes Leben in sozialen Bezügen zielt; und im Gegenzug wird deutlich, dass soziale Inklusion ihre Qualität gerade dadurch gewinnt, dass sie Raum und Rückhalt für persönliche Lebensgestaltung bietet" (ebd.: 11).

Bielefeldt macht in diesem Zusammenhang auf eine „Komponente im Menschenrechtsanspruch" aufmerksam, die in der menschenrechtlichen Fachliteratur „erstaunlich wenig systematische Beachtung" finde, nämlich auf

„die durch menschenrechtliche Individualrechte zu ermöglichende freie Gemeinschaftsbildung in der doppelten Frontstellung gegen autoritäre, bevormundende Kollektivismen einerseits und gegen unfreiwillige soziale Ausgrenzungen andererseits" (ebd.:12).

Dadurch werde deutlich, so Bielefeldt weiter, dass

„Menschenrechte ... positive Möglichkeiten (eröffnen), Gemeinschaften und die Gesellschaft im Ganzen nach Gesichtspunkten von Freiheit und Gleichberechtigung weiter zu entwickeln" (13).

In der Hervorhebung dieses Potentials in der Behindertenrechtskonvention würde die besondere Bedeutung dieser für die „Weiterentwicklung der Menschenrechtsdiskussion im Ganzen" liegen (ebd.).

Die angesprochene Weiterentwicklung der Gesellschaft und der Gemeinschaften ist unter anderem möglich durch Infrastrukturmaßnahmen, die dazu dienen, Menschen mit Behinderung echte Partizipation zu ermöglichen.

„Denn viele der Partizipationshindernisse unter denen Menschen mit Behinderungen leiden, hängen mit physischen oder mentalen Barrieren zusammen, deren Überwindung breit angelegte staatliche und gesellschaftliche Anstrengungen und auch die Bereitschaft zur Übernahme von Kosten verlangt" (14 f.).

Solche Infrastrukturverbesserungen, die physische und mentale Barrieren abbauen helfen, kommen aber nicht nur Menschen mit Behinderung zugute, sondern enthalten innovatives Potential für die Weiterentwicklung der Gesellschaft und der Gemeinschaft, wie das Beispiel des von einer Werkstatt für Menschen mit Behinderung ausgedachte neue Orientierungssystem des öffentlichen Nahverkehrs im vorangegangenen Kapitel dieser Abhandlung zeigt.

Entsprechende Infrastrukturmaßnahmen können beispielsweise die Angebotspalette der Offenen Jugendarbeit enorm erweitern, neue Formen gemeinschaftsbildender Maßnahmen hervorbringen und damit innovative partizipative Prozesse für alle an den entsprechenden Angeboten teilnehmenden Jugendlichen ermöglichen.

An diesem Beispiel wird klar, dass die Kenntnis wesentlicher Positionen der Menschenrechtsdebatte und insbesondere der Behindertenrechtskonvention wichtige Anregungen für eine inklusive Praxis einer Sozialen Arbeit der Ermöglichung in der Kinder- und Jugendarbeit liefern kann und damit als Teil des theoretischen Bezugsrahmens der reflexiv-kritischen Analysen eigener Praxis zu den Kompetenzen von professionellen Mitarbeitern/-innen in diesem Arbeitsfeld gehören sollte.

4.5.2 Kenntnis der praktischen Relevanz der Fachdiskurse zu den Begriffen „Diversity", „Intersektionalität" und „Hybridität"

Weitere Voraussetzung einer reflexiv-kritischen Analyse eigener inklusiver Praxis in der Kinder- und Jugendarbeit ist die Kenntnis der praktischen Relevanz der Fachdiskurse zu den Begriffen „Diversity", „Intersektionalität" und „Hybridität" (vgl. Dannenbeck, C./ Carmen Dorrance, C. 2014: 156).

Im Konzept der Diversity sollen gruppenspezifische und/oder individuelle Unterschiede akzeptiert und wertgeschätzt werden. Dabei können sich die zu akzeptierende Unterschiede unter anderem auf ethnische Zugehörigkeit, auf Alter und Geschlecht, auf sexuelle Orientierungen, auf Behinderung, auf religiöse Überzeugungen oder Weltanschauungen beziehen sowie auf sozialisationsbedingte Unterschiede wie Arbeitsstil und Wahrnehmungsmuster, aber auch unterschiedliche Dialekte (vgl. Weißbach, B. 2011).

Intersektionalität bezieht sich auf den englischen Begriff „intersection", der Überschneidung, Schnittpunkt oder Schnittmenge bedeutet.

Wenn spezifische soziale Kontexte in bestimmten Situationen dazu führen, dass eine Person aufgrund verschiedener, aber miteinander korrespondierender persönlicher Merkmale Opfer von Diskriminierung wird, liegt intersektionelle Diskriminierung vor. Dabei geht in diesem Zusammenhang die Diskriminierung über die wertneutrale Bedeutung von unterscheiden oder trennen hinaus und bedeutet im soziologischen Kontext, jemanden herabzusetzen und/oder zu benachteiligen.

Damit ist Diskriminierung in diesem Zusammenhang das Gegenteil der Akzeptanz von Vielfalt im Sinne des Diversity-Ansatzes.

Intersektionelle Diskriminierung kann als Steigerung dieses zu sozialer Ausgrenzung führenden Prozesses bezeichnet werden (vgl. Gummich, J. 2004: 6-16).

Der Begriff der „Hybridität" umschreibt das Resultat eines persönlichen Entwicklungsprozesses, der mit dem Fachterminus der „Hybridisierung" bezeichnet wird.

Innerhalb dieses diskursiven Prozesses werden neue Identitäten gebildet, indem sich Elemente der seitherigen eigenen Identität mit Elementen fremder Identität vermischen. Diese neue Identität kann als gereiftere Persönlichkeit begriffen werden (vgl. Bhabha, H.K. 2000).

Die Ursache von Hybridität besteht zumeist in der Entstehung von Situationen, innerhalb derer unterschiedliche Kulturen unvermittelt aufeinander stoßen oder Lebenswelten miteinander konfligieren.

Es entstehen neue Denk- und Handlungsmuster, die durch das Nebeneinander unterschiedlicher – von kulturellen Sichtweisen, sozialen Zusammenhängen oder religiösen Werthaltungen geprägten – Bezugsrahmen sich herauskristallisieren (vgl. Foroutan, N./ Schäfer, I. 2014).

Die Kenntnis des Ansatzes der „Diversity" erlaubt den professionellen Betreuern/-innen in der sozialen Bildungsarbeit mit Kindern und Jugendlichen zunächst einen differenzierten Blick auf die unterschiedlichsten persönliche Merkmale. Differenziert erfasst können vor allem die unterschiedlichsten persönlichen Ressourcen werden, je nach ethnischen und kulturellen Hintergründen, nach unterschiedlichen Wahrnehmungsmuster oder Denkstrukturen etc. Die Akzeptanz der Vielfältigkeit, ja das Erleben dieser Vielfältigkeit als Bereicherung, ist die Grundhaltung, die sich aus dem Diversity-Ansatz ergibt. Die Angebote werden dann so gestaltet, dass jedes Kind, jede/r Jugendliche seine persönlichen Stärken einbringen kann. Das erlaubt gegenseitiges Lernen und damit verbundene gegenseitige Wertschätzung der an dem jeweiligen Angebot teilnehmenden Kinder- und Jugendlichen.

Der/die professionelle Betreuer/in sollte sich dabei bewusst sein, dass trotz eines wohlmeinenden Angebotes diskriminierende Vorurteile und Haltungen, die nicht selten durch das unmittelbare soziale Umfeld der Kinder- und Jugendlichen vermittelt werden, auf die Interaktionsprozesse einwirken. Gerade Kinder- und Jugendlichen mit Behinderung und/oder solche mit Migrationshintergrund werden häufig Opfer von Diskriminierungsprozessen. Wenn dann beispielsweise Kinder- und Jugendliche sowohl eine Behinderung als auch einen Migrationshintergrund haben, besteht die Gefahr intersektioneller Diskriminierung, die für die betroffenen Kinder besonders schmerzlich ist und bis zu persönlichkeitsdestruierenden Prozessen führen kann.

Bei der Konzipierung aller Angebote sollte also besonders sorgsam darauf geachtet werden, dass vorrangig zu abwertender und ausschließender Diskriminierung führende, häufig irrationale Einstellungen der Kinder- und Jugendlichen hinterfragt und abgebaut werden können. Eine akzeptierende und wertschätzende Grundhaltung bei den Kindern- und Jugendlichen – ob sie behindert oder nichtbehindert sind – zu generieren, muss das höchste Ziel einer Inklusion ermöglichenden Kinder- und Jugendarbeit sein.

Um derartige wichtige Persönlichkeitsbildungsprozesse bei den Kindern- und Jugendlichen einzuleiten, bedarf es Angeboten, die sich nicht nur auf rein kognitive Prozesse beschränken, sie müssen vielmehr auch die emotionalen Befindlichkeiten einbeziehen. Intentionen, Hoffnungen, Ängste, Problemlagen der Kinder- und Jugendlichen sollten innerhalb einer akzeptierenden pädagogischen Atmosphäre thematisiert werden und ein Bewusstsein über die Chance, vielfältige Ressourcen zu nutzen, erzeugt werden.

Dabei sollte auch an symbolische Handlungen sowie an Geborgenheit und Freundschaft vermittelnde gemeinschaftliche Handlungsformen gedacht werden. Innerhalb diskursiver Prozesse stoßen dabei unterschiedliche kulturelle Orientierungen, identitätskonstituierende Werthaltungen und Weltsichten aufeinander und fordern zur Bildung neuer Identitätskonzepte heraus, lassen Konflikte in und zwischen den Kindern- und Jugendlichen entstehen, die sich beispielsweise durch Prozesse der Hybridisierung entschärfen oder beilegen lassen und die Persönlichkeitsbildung der Kinder- und Jugendlichen befördert, indem neue Identitätskonzepte gebildet werden können.

Es geht also darum, Kompetenzen für eine inklusive Sozialpädagogik in der Kinder- und Jugendarbeit zu entwickeln, die betreffende professionelle Betreuer/-innen in die Lage versetzen, diagnostische und didaktische Modellangebote für heterogene Gruppen zu entwickeln, in denen die Verschiedenheit der teilnehmenden Kinder- und Jugendlichen akzeptiert wird, sie keine Diskriminierung oder Hierarchisierung befürchten müssen (vgl. dazu: Heinzel, F./ Prengel, A. 2012: 39 f.)

4.5.3 Berücksichtigung sozialräumlicher Aspekte

Deutlich wurde: Um eine inklusionsfördernde Kinder- und Jugendarbeit im Rahmen einer Sozialen Arbeit der Ermöglichung pädagogisch realisieren zu können, sollten die in diesem Feld Tätigen über spezifische professionelle Kompetenzen verfügen, die im Rahmen aktueller Praxis (noch) nicht selbstverständlich sind.

Neben der ausführlich beschriebenen Fähigkeit der kritischen reflexiven Analyse, besteht eine weitere wichtige Kompetenz professioneller sozialpädagogischer Betreuer/-innen innerhalb einer inklusiven Kinder- und Jugendarbeit darin, die persönliche und soziale Verwirklichung ermöglichenden Angebote für heterogene Gruppen von Kindern und Jugendlichen als funktionale Bereicherung des relevanten sozialen Raumes zu begreifen, also als „Beitrag zur Gestaltung eines inklusionsorientierten Gemeinwesens" (vgl. Dannenbeck, C./ Carmen Dorrance, C. 2014: 157).

Dazu gehört die Fähigkeit, eine entsprechende Öffentlichkeitsarbeit möglichst unter Partizipation der Kinder- und Jugendlichen zu organisieren, um die Bewohner/-innen des für die jeweilige Einrichtung relevanten sozialen Raumes über Aufgaben und Ziele, sowie die konkrete Angebotsstruktur der inklusiven Betreuungs- und Bildungsarbeit zu informieren.

Weiterhin gehört dazu auch die Fähigkeit, eine methodisch fundierte Befragung der Bewohner/-innen – darunter selbstverständlich auch den Eltern behinderter und nicht-behinderter Kinder – mit qualitativen und quantitativen Elementen durchzuführen, um etwas über die jeweiligen Lebenslagen, die lebensweltlich geprägten Erfahrungshorizonte und daraus resultierenden Bedürfnisse und Anforderungen an die entsprechenden heterogenen Angebote in Erfahrung zu bringen.

Diese Erkenntnisse sollten bei der Konzeption der Angebote berücksichtigt werden, um an der Lebenswelt der Betroffenen, ihren sozial-räumlichen Erfahrungen, ihren Deutungs- und Handlungsmustern, ihren Weltsichten anzusetzen.

Andererseits geht es auch um die Fähigkeit, Ressourcen des Gemeinwesens, also der relevanten sozialen Räume, als Ergänzung der eigenen inklusiven Sozialen Arbeit zu erkennen und Grundlagen zielgerichteter Kooperationen zu schaffen. Kooperationspartner können dabei unter anderen Elterninitiativen, Vereine und Verbände, Selbsthilfegruppen oder Einrichtungen Sozialer Arbeit mit anderen Arbeitsfeldern sein. Des Weiteren sollten kulturelle Angebote im Gemeinwesen, wie beispielsweise Kinos, kleinere Theater, Kneipen mit Life-Musik etc. bekannt sein, um sie möglicherweise in die Angebote mit einzubeziehen.

Dafür brauchen die professionellen Kräfte innerhalb einer inklusiven Kinder- und Jugendarbeit im Rahmen einer Sozialen Arbeit der Ermöglichung

Kenntnisse darüber, wie der jeweils relevante soziale Raum erkundet werden kann, wo sich territoriale Grenzen befinden, wie die funktionale Nutzung von Straßen, Plätzen, Parks, also der öffentlichen Räume aussieht und wie sich die Bewohnerstruktur gestaltet (vgl. dazu: Kostof, S. 1993).

4.6   Eine wegweisende pädagogische Grundlage für eine Inklusion ermöglichende Soziale Arbeit mit Kindern und Jugendlichen: die Pädagogik Janusz Korczaks

Inklusive Angebote für heterogene Gruppen – wie sie hier für eine Soziale Arbeit der Ermöglichung in der Kinder- und Jugendarbeit skizziert wurden – in denen die Verschiedenheit der teilnehmenden Kinder- und Jugendlichen akzeptiert werden, brauchen eine geeignete pädagogische Grundlage. Diese sollte zu einer Umsetzung der Angebote beitragen, die weder Diskriminierung noch Hierarchisierung befürchten lässt. Es muss sich also um eine Pädagogik handeln, in der Wertschätzung und Akzeptanz im Vordergrund steht.

Ich möchte daher auf einen Pädagogen zurückgreifen, dessen gesamtes Lebenswerk mit der Thematik der Akzeptanz und Wertschätzung in Verbindung steht: Janusz Korczak. Als zentrale Aussage seines pädagogischen Ansatzes kann folgendes Zitat betrachtet werden: „Wir wollen das Kind nicht kneten und ummodeln, sondern wir wollen es verstehen und uns mit ihm verständigen" (Korczak, J. 1999: 45).

Um diesen Anspruch umzusetzen entwickelt Janusz Korczak ein pädagogisches Konzept, das sich – dem bekannten Korczak-Forscher Friedhelm Beiner zufolge – in sieben Methoden zergliedern lässt (vgl. Beiner, F. 2012: 4).

4.6.1   Forschendes Fragen und dialogisches Begleiten

Die erste lässt sich mit Beiner als „forschendes Fragen und dialogisches Begleiten" (ebd.) beschreiben. Dabei geht es nach Korczak zunächst um das Bestreben, sich den Begriffswelten, dem Erfahrungsschatz, den Impulsen und Gefühlen der Kinder durch genaues Zuhören und Hinsehen zu nähern (vgl. Korczak, J. 1999: 147 f.).

Damit werden die Voraussetzungen eines Dialoges auf der Basis gegenseitiger Achtung geschaffen. Die Würde der Kinder, ihre Individualität, ihre Rechte und Interessen werden wahrgenommen, was eine vorurteilsfreie und gleichberechtigte Verständigung ermöglicht (vgl. Beiner, F. 2012: 5).

4.6.2 Beobachten, Registrieren, Deuten

In diesem Zusammenhang steht auch die zweite Methode Korczaks, die Beiner als „Beobachten, Registrieren, Deuten" beschreibt. „Korczaks Schriften sind zum großen Teil Dokumente seiner teilnehmenden Beobachtung beim Umgang mit Kindern und Erziehern. Ihm lag viel daran, auch andere Erzieher zum Beobachten anzuregen" (ebd.). Dabei sind auch vermeintliche Kleinigkeiten wichtig. Dem genauen Beobachten mit seinem Protokollieren folgt eine reflektierende Deutung, innerhalb derer versucht wird, sowohl den Bezugsrahmen der beobachteten Kinder als auch das sich davon unterscheidende innere Bezugssystem der Pädagogen/-innen zu berücksichtigen.

4.6.3 Das pädagogische Einfühlen

Diese Deutung auf der Basis des Bezugsrahmens des Kindes erfordert die dritte pädagogische Methode, das „pädagogische Einfühlen" (Beiner, F. 2012: 6). Das muss hier und heute sicherlich nicht mehr ausführlich erörtert und begründet werden, zum Begriff der Empathie gibt es hinreichend Fachliteratur innerhalb der sozialpädagogischen Fachdiskussion.

4.6.4 Experimentieren und Evaluieren

Die vierte pädagogische Methode ist das „Experimentieren, Evaluieren, aus Fehlern lernen" (Beiner, F. 2012: 8).

Die respektvolle Akzeptanz vor den individuellen Besonderheiten der Kinder und vor allem ihrer Wünsche und Ziele sowie die gewünschte Authentizität der Pädagogen/-innen bringen es mit sich, dass immer wieder neu gemeinschaftlich Wege gesucht werden müssen, die dazu geeignet sind, in Freiheit und Würde zusammen zu leben. Die daraus entstehende Notwendigkeit zu experimentieren, zu probieren, sich immer wieder auf etwas Neues einzulassen und hilfreiche Maßnahmen zu evaluieren, wird so zu einem pädagogischen Grundprinzip Korczaks.

Probiert und evaluiert wurden in den von ihm geleiteten Waisenhäusern beispielsweise „gemeinsame Verfahren zur Konfliktlösung" (Beiner, F. 2012: 9) oder Möglichkeiten gemeinsamer Gestaltungsprozesse. Besonders unterstrichen wird von Korczak das Bestreben, beim experimentierenden Finden neuer Formen gemeinschaftlicher Verwirklichung den Kindern in allen Phasen ein möglichst hohes Maß an Teilhabe zu ermöglichen.

4.6.5 Institutionalisierte Partizipation: Kinder und Jugendliche als Parlamentarier, Richter und Anwälte sowie Räte der Selbstverwaltung

Daraus ergibt sich die fünfte pädagogische Methode, nämlich die „pädagogische Institutionalisierung zum Zwecke der Partizipation" (ebd.) Es sollen sich innerhalb einer pädagogischen Einrichtung in Analogie zu einem demokratischen Gemeinwesen organisatorische Grundstrukturen entwickeln, innerhalb derer die Kinder „Achtung, Verstehen, Verzeihen und Verantwortung" (ebd.) einüben können. Diese organisatorischen Grundstrukturen bestehen aus pädagogischen Institutionen, durch die gleichzeitig die Rechte der Kinder konstitutionell geschützt werden.

In Korczaks Waisenhäusern gab es beispielsweise ein Parlament, ein Kollegialgericht, einen Selbstverwaltungsrat etc. (vgl. ebd.).

Das Kollegialgericht kommentiert Korczak wie folgt:

> „Das Gericht aber muss die Stillen schützen, damit ihnen die Aggressiven und Aufdringlichen kein Unrecht zufügen; das Gericht muss die Schwachen schützen, damit die Starken sie nicht quälen; es muss die Gewissenhaften und Fleißigen gegen die Nachlässigen und Faulen in Schutz nehmen; das Gericht muss für Ordnung sorgen, denn Unordnung belastet die guten, stillen und gewissenhaften Kinder am meisten. Das Gericht ist nicht die Gerechtigkeit, aber es soll nach Gerechtigkeit streben; das Gericht ist nicht die Wahrheit, aber es möchte die Wahrheit finden." (Korczak, J. 1999: 301).

Im Erziehungsmodell Korczaks geht es also vor allem auch darum, einen Sinn für Gleichberechtigung aufzubauen und *die in jugendlichen Peergroups aus dem Recht des Stärkeren heraus erwachsene Hierarchiestrukturen zu durchbrechen*. Dies erscheint mir zentral für eine Konzipierung inkludierender Angebote für heterogene Gruppen in der Kinder- und Jugendarbeit zu sein. Es geht, dies sollte hier betont werden, nicht nur um die Angebote an sich, sondern um den gesamten Rahmen, innerhalb dessen sie angeboten werden: Ein Kinder- und Jugendhaus mit einem von den jungen Besuchern/-innen gewählten Parlament aus Kindern und Jugendlichen als konstituierende Instanz zur Festlegung verbindlicher Verhaltensregeln, einem gewählten Selbstverwaltungsrat aus Kindern und Jugendlichen zur verantwortlichen Planung und Gestaltung von gemeinsamen Aktionen etc., einem gewählten Kollegialgericht mit Kindern und Jugendlichen als Richter zur Einhaltung eines gleichberechtigten Umganges miteinander – das sind, obgleich fast 100 Jahre alt, durchaus auch für heutige Verhältnisse innovative Ideen zur Konzipierung einer inkludierenden und ermöglichenden Sozialen Arbeit mit Kindern und Jugendlichen. Zu den Regeln und Erfahrungen mit solchen Institutionen finden sich in den Werken Korczaks viele hilfreiche Hinweise.

4.6.6 Humor

Eine weitere wichtige pädagogische Methode Korczaks ist, so Beiner bei der Rezeption seines Werkes, der „humorvoller Umgang mit Widrigkeiten" (Beiner, F. 2012: 12). Diesem Ansatz, den u.a. auch der große Pädagoge Martin Buber vertritt, liegt, so Beiner, die Erkenntnis zugrunde, dass Pädagogen/-innen sich sowohl darüber im Klaren sein sollten, dass sie persönliche Grenzen haben, als auch darüber, dass es in jedem Setting Grenzen pädagogischen Handelns und pädagogischer Einflussnahme gibt.

Durch dieses Bewusstsein können unrealistische Erwartungen verhindert und somit Resignation und Burn-Out-Symptomen vorgebeugt werden. Diese Einstellung erlaubt den Pädagogen/-innen Verhaltensweisen von Kindern und Jugendlichen, die nicht ihren Erwartungen entsprechen, mit Humor zu tragen. Korczak drückt dies so aus: „Ohne Pedanterie, wohlwollend und vertrauensvoll den Menschen im Kind sehen... auf scherzhafte Weise" (Korczak, J. 1999: 417).

4.6.7 Aufgearbeitete Erfahrung

Die letzte pädagogische Methode, die Beiner rezipiert ist – wie er sich ausdrückt – die „schriftliche Vergewisserung" und die „Selbsterziehung zur Achtsamkeit" (Beiner, F. 2012: 14). Ich würde dem noch hinzufügen: aufgearbeitete Erfahrung, denn Korczak legt den praktizierenden Pädagogen/-innen ans Herz: „Finde deinen eigenen Weg, deine Erfahrungen aufzuarbeiten und daraus zu lernen!" (Korczak, J. 4: 147f) Zur Erfahrungsaufarbeitung dient Korczak das Schreiben. In dem er Beobachtungen und Gedanken auf Papier bringt, reflektiert er sein eigenes Handeln und setzt sich gleichzeitig mit Deutungen der beobachteten Kinder und Jugendlichen auseinander, die die Grundlagen des beobachteten Verhaltens und Handelns sind.

Korczak setzt im Prozess des Schreibens das Handeln der Kinder in Bezug zu seinem eigenen Verhalten und reflektiert damit auch die vielfältigen Wechselbeziehungen im pädagogischen Alltag. Insofern bildet für Korczak das Protokollieren wahrgenommener pädagogischer Interaktionen eine Art der „Selbst-Erziehung zur Achtsamkeit" (Langhanky, M. 2004: 346).

Zur Reflexion von Erfahrungen – das können wir auch auf den pädagogischen Alltag einer Inklusion ermöglichenden Sozialen Arbeit mit Kindern und Jugendlichen übertragen – eignet sich durchaus das relativ zeitnahe Protokollieren der alltäglichen Erfahrungen. Dieses Protokoll kann ergänzt werden durch reflektierende –selbstkritische und/oder selbstbestätigende – Gedanken dazu.

Diese Aufarbeitung der alltäglichen Erfahrungen beinhaltet auch die Frage danach, welche Erwartungen bestätigt, welche enttäuscht wurden und auf welchen Anspruch sowie auf welche Legitimation diese Erwartungen zurückgehen. Denn die Erwartungen der Pädagogen/-innen an ihr eigenes Handeln und das Handeln der Kinder und Jugendlichen prägt ihre Handlungsstrategien und die Art und Weise ihres Handelns.

Reflexiv aufgearbeitete Erfahrungen korrigieren die Parameter der Erwartungshaltungen gegenüber aktuell bevorstehenden Ereignissen oder Prozessen und künftigen Entwicklungen. Sie verbessern dadurch sowohl die Handlungsstrategien als auch die Angemessenheit der Handlungsformen (vgl. Glöckler, U. 2011: 23 f.).

Diese Möglichkeit – nämlich durch das vollzogene Wechselspiel zwischen aufgearbeiteter Erinnerung einerseits und Handlungsentwurf andererseits – aus eigener Erfahrung zu lernen, können die Pädagogen/-innen dann, wenn sie es selbst praktizieren können, den Kindern und Jugendlichen modellhaft vermitteln.

4.7 Akzeptanz als Basis von Heterogenität und Vielfalt

4.7.1 Persona und Schatten

Eine Soziale Arbeit der Ermöglichung von Inklusion mit Kindern und Jugendlichen kann nicht gelingen ohne dass letztere sich gegenseitig akzeptieren und zwar mit allen körperlichen und geistigen Charakteristika. Diese umfassende Akzeptanz des/der jeweils Anderen setzt aber die Akzeptanz des jeweils eigenen Selbst voraus. Genau dies ist aber innerhalb der gegebenen gesellschaftlichen Verhältnisse, innerhalb derer bereits an Kinder und Jugendliche strenge Maßstäbe des „Funktionierens" angesetzt werden, nicht einfach.

Um dem gerecht zu werden entwickeln Kinder ein kompliziertes Beziehungssystem zwischen sich und ihrer sozialen Umwelt, dessen sie sich später als Jugendliche und Erwachsene bedienen. Die Funktion dieses Beziehungssystems besteht darin, die erwünschte persönliche Erscheinung im sozialen Kontext zu gewährleisten (vgl. Glöckler, U. 2011: 135). C.G. Jung bezeichnet die Konstruktion dieses den Anforderungen der sozialen Umwelt angepassten Beziehungssystems als „Persona". Sie sei, so Jung, für das Individuum eine „gewaltige Konzession an die Außenwelt" (vgl. Jung, C.G. 2001 B: 78). Diese „Persona" versuche, die Persönlichkeit gegenüber der sozialen Umwelt in einem eindeutigen Licht erscheinen zu lassen, doch diese Eindeutigkeit der „Persona" enthalte die vielen in sich widersprüchlichen Elemente des gesamten Individuums bei weitem nicht. Nur Teile der gesamten Psyche des Menschen würden dem sozialen Umfeld präsentiert werden. Die anderen Teile müssen sozusagen im Inneren des Menschen „verharren" und dürfen sein soziales Verhalten eigentlich nicht beeinflussen. Die Konsequenz ist ein Gegensatzspiel zwischen Innen und Außen. In diesem kristallisiert sich in einem Balanceprozess ein „Mittelpunkt" heraus, den Jung als das „Selbst" bezeichnet (ebd.: 82). Selbsterkenntnisprozesse beziehen sich, so gesehen, auf die Erkenntnis des Gegensatzspiels und damit auf die Erkenntnis sowohl der nach außen repräsentierten Persönlichkeitsanteile als auch derjenigen, die dem sozialen Umfeld nicht präsentiert werden und im Inneren verharren.

Erstere erschließen sich unserem Bewusstsein und unserer Erkenntnis relativ leicht und werden in der Regel akzeptiert, während sich letztere dem Bewusstsein viel schwerer erschließen. Zudem befinden sich innerhalb dieser auch solche, die als persönliche Schwächen empfunden werden. Sie werden von Jung mit einem Bild, nämlich dem „Schatten", symbolisiert. Diesen Schatten führe, so Jung, „jeder mit sich..." als „verborgenen Aspekt der Persönlichkeit, die zu jeder Stärke gehörende Schwäche" (Jung, C.G. 2001 A: 60).

In diesem Zusammenhang wird ein psychischer Vorgang bedeutend, den Jung, zunächst unter Bezugnahme auf Anna Freud, als Projektion bezeichnet. Dabei werden innere subjektive Vorgänge sozusagen aus der eigenen Psyche hinaus verlegt. Dieser unbewusst vollzogene psychische Prozess bewirkt, dass wir zu unserem „Schatten" gehörende Persönlichkeitsanteile nicht als Teile unserer eigenen Psyche, sondern als Teile der Persönlichkeit im entsprechenden Gegenüber sehen. In der Konsequenz schreiben wir also, so Anna Freud, unserem Gegenüber unsere eigenen, von uns nicht akzeptierten Persönlichkeitsanteile zu. Damit versuchen wir die Befürchtung abzuwehren, dass unsere „Persona" unglaubwürdig wird und unsere Akzeptanz im sozialen Umfeld schwindet (vgl. Glöckler, U. 2011: 136).

C.G. Jung hat diesen Theorieansatz Anna Freuds erweitert, indem er innerhalb seiner praxisbezogenen Theoriebildung die Hypothese entwickelte, dass die Projektionen unterschiedlichster Persönlichkeitsanteile, also nicht nur der unakzeptierten, in zwischenmenschlichen Beziehungen grundsätzlich stattfinden und damit als völlig alltägliche psychische Prozesse innerhalb der menschlichen Wirklichkeitsverarbeitung zu bewerten seien.

Nichtsdestotrotz erkennen wir – zwar neben unseren anderen eigenen Persönlichkeitsanteilen – diejenigen, die zu unserem Schatten gehören, in unserem Gegenüber. Wenn wir diese Persönlichkeitsanteile bei uns selbst nicht akzeptieren, können wir sie bei unserem Gegenüber ebenfalls nicht schätzen.

4.7.2 Die Stärken von Schwächen erkennen

Für eine inklusive Soziale Arbeit mit Kindern und Jugendlichen zur Ermöglichung von Inklusion ist allerdings – wie in dieser Abhandlung bereits mehrfach erläutert – gegenseitige Akzeptanz und Wertschätzung innerhalb der gegebenen Vielfalt unabdingbar. Diese kann, wenn wir den Mechanismus von Projektionen des Schattens in Rechnung stellen, dadurch verbessert werden, dass wir den beteiligten Kindern und Jugendlichen ermöglichen, die von ihnen selbst zunächst aus dem Bewusstsein abgedrängten und nicht akzeptierten Persönlichkeitsanteile – die sie ja im Gegenüber erkennen und zunächst auch bei ihm/ihr nicht akzeptieren können – allmählich anzunehmen: die Stärken vermeintlicher Schwächen zu erkennen, bei sich und bei anderen.

Eine der Möglichkeiten, die Zunahme an Selbstakzeptanz – auch des „Schattens", also den zunächst als Schwächen empfundenen Persönlichkeitsanteilen – und damit auch die Akzeptanz des/der jeweiligen Anderen zu verbessern, kann in der Sozialen Arbeit mit Kindern und Jugendlichen darin bestehen, ihnen die Auseinandersetzung mit dafür geeigneten Kunstprodukten zu ermöglichen. Denn durch eine aktive intensive Beschäftigung mit Produkten menschlicher Selbstverwirklichung kann die jeweils eigene Selbsterkenntnis und Selbstakzeptanz verbessert werden (vgl. Glöckler, U. 2011: 138).

In vielen literarischen Kunstwerken, der Bildhauerei, in tonalen und rhythmischen Strukturen der Musik, in der Formgebung und der Farbgestaltung der Malerei etc. wurden und werden mythische Stoffe verarbeitet. Deren „Rohmaterial" sind wiederum tatsächliche Traditionen, aber auch historische Ereignisse, die – über Generationen hinweg überliefert und phantasiereich modifiziert – zum Mythos wurden.

Solche Mythen können als Symbole betrachtet werden, die Elemente dessen zum Ausdruck bringen, was C.G. Jung als „kollektives Unbewusstes" bezeichnet, das sich im Verlauf der Phylogenese bei Menschen innerhalb sozialer Zusammenhänge heraus entwickelt habe (vgl. Jung, C. G. 2001 A: 60 ff.). Der oben erwähnte „Schatten" existiert – so Jung – nicht nur individuell als unbewusster Persönlichkeitsanteil, sondern auch als Teil des „kollektiven Unbewussten". Symbolisiert wird dieser „kollektive Schatten" oft innerhalb von Mythen thematisierenden Romanen, Theaterstücken, Filmen etc. in jenen Figuren die sich zunächst völlig unangemessen verhalten, von ihrer Umwelt dementsprechend als Tölpel verachtet werden, all das verkörpern, was nicht „zum guten Ton", nicht zur repräsentativen Fassade gesellschaftlichen Umgangs gehört, uns allen aber dennoch innewohnt.

Diese Figur, von Jung als „Trickster" bezeichnet, schafft es aber letztlich doch, dass sich das Blatt wendet und sich alles wunderbar zum Guten und Sinnvollen hin entwickelt. In solchen Mythen wird der Wunsch symbolisiert, die gemeinsamen Tabus, Ängste und Hoffnungen, die sich im „Trickster" verkörpern, akzeptieren zu können, da sie trotz zunächst wenig akzeptablem Verhalten auf geradezu wunderbare Weise letztlich zum Guten führen (vgl. Jung, C. G. 2001 C: 158-175).

Solche Geschichten gemeinsam mit Kindern und Jugendlichen zu entdecken, sei es in Filmen, in Theaterstücken, in Romanen oder in Bildern ist daher ein wichtiger Schritt, um die Stärken in vermeintlichen Schwächen zu erkennen.

Darauf aufbauend kann versucht werden, solche Geschichten gemeinsam mit Kindern und Jugendlichen zu schreiben, sie auf der Grundlage ihres lebensweltlichen Hintergrundes zu entwickeln, ihre Tabus, Ängste und Hoffnungen zu integrieren und diese Geschichten dann als Theaterstücke oder als Videofilme szenisch umzusetzen. Auch die künstlerische Umsetzung solcher Geschichten in musikalischen Formen, sei es als „HipHop", Rockmusik oder „Techno", in Bildmaterialien, seien es Fotos, Comics oder gemalte Bilder, kann hier ins Auge gefasst werden. Wichtig ist nur, dass die Angebote an aktuellen jugendkulturellen Formen ansetzen.

So lassen sich wichtige Angebote zur Entwicklung von Selbst- und Fremdakzeptanz entwickeln.

4.8 Rückbezug auf den theoretischen Hintergrund: Capability Approach, Agency, selbstbestimmte Aneignung und inklusive Bildung

Auf der Basis so zu erreichender Selbst- und Fremdakzeptanz kann dann daran gearbeitet werden, den Kindern und Jugendlichen mit und ohne Behinderung zu ermöglichen, sich Techniken und Methoden zur Bewältigung ihrer jeweils konkreten Lebensbedingungen durch Nutzung der ihnen zur Verfügung stehenden Ressourcen anzueignen.

Derartige Techniken und Methoden zur gezielten Nutzung eigener Ressourcen werden in dem im ersten Teil dieser Abhandlung referierten Capability-Approach als „Functionings" bezeichnet, die durch unterschiedliche Kombinationen und Niveaus den Kindern und Jugendlichen vielfältige Handlungsmöglichkeiten und Chancen der zukünftigen Verwirklichung selbst gewählter eigenständiger individueller und gemeinschaftlicher Lebensweisen eröffnen können (vgl. Ziegler, H. 2011: 128, Sen, A. 1985: 13 f).

Daraus folgt, dass eine inklusive Kinder- und Jugendarbeit Angebote für behinderte und nicht-behinderte Kinder und Jugendliche entwickeln und zur Verfügung stellen sollte, die solche „Functionings", wie beispielsweise Beobachtungsfähigkeit, aktives Zuhören, ein gut entwickeltes Taktgefühl, grundlegende

Kulturtechniken oder die Fähigkeit zu Bindungen, zu fördern imstande sind. Darüber hinaus sollten Rahmenbedingungen geschaffen werden, die Verwirklichungschancen steigern, also all jenes, was die Kinder und Jugendlichen „zu tun oder zu sein in der Lage" sind (Wirth, J. v. 2014: 541), erweitern.

In einer inkludierenden Kinder- und Jugendarbeit gilt es also sowohl die Entwicklung aktueller Fähigkeiten der betroffenen Kinder und Jugendlichen als auch die Erweiterung ihrer künftigen Möglichkeiten im Auge zu behalten. Letzteres beinhaltet die Ermöglichung vermehrter Verwirklichungschancen sowohl in struktureller als auch in persönlichkeitsentwickelnder Hinsicht.

Bezüglich der strukturellen Seite dieses Anspruchs wurde mit Bezug auf Focault bereits im ersten Teil dieser Abhandlung deutlich, dass es bei ausgeglichenen Machtverhältnissen durchaus gelingen kann, ermöglichende Strukturen zu schaffen. Das ist der Grund, warum sich Korczak so bemühte, dass die in den von ihm geleiteten Waisenhäusern betreuten Kinder und Jugendlichen mit hinreichend Macht ausgestattet waren: konnten sie doch beispielsweise als Richter/-innen auch Verstöße von Pädagogen/-innen gegen die geltenden Regeln ahnden. Durch die Möglichkeit des Ausgleichs von Macht und Gegenmacht ergaben sich durch das Experimentieren hinsichtlich gemeinsamer Lebensformen immer wieder neue Verwirklichungschancen für die Kinder und Jugendlichen, also ermöglichende Strukturen.

Daher ist es insbesondere in einer inkludierenden Kinder- und Jugendarbeit so wichtig, Angebote wie eine regelstiftende Versammlung oder eines Gerichtes jeweils aus Kindern und Jugendlichen zu unterbreiten. Da können sich Kinder und Jugendliche mit und ohne Behinderung in einer Rolle mit Selbstverantwortung und Verantwortung für die Gemeinschaft erleben und an den damit verbundenen Aufgaben wachsen.

Dann jedoch, wenn Machtverhältnisse aus dem Gleichgewicht geraten und sich Herrschaftsstrukturen etablieren, stößt das Unterfangen, ermöglichende strukturelle Voraussetzungen zu erarbeiten, an relativ harte Grenzen.

An diesem Punkt wird dann klar, dass eine inklusive ermöglichende Kinder- und Jugendarbeit immer auch an der Verhinderung von gesellschaftlichen Verhältnissen beteiligt sein sollte, innerhalb derer Machtverhältnisse aus dem Gleichgewicht geraten. Der Anspruch nach demokratischer Erziehung, von Beginn an Ziel einer offenen Kinder- und Jugendarbeit, sollte also gerade bei einer ermöglichenden inklusiven Kinder- und Jugendarbeit keinesfalls aus dem Auge geraten.

Es zeigt sich: Zur Frage nach ermöglichenden strukturellen Voraussetzungen gesellt sich immer jene nach dem pädagogischen Anspruch. Durch die vorausgegangenen Erörterungen ist klar geworden, dass inkludierende Kinder- und

Jugendarbeit, gerade wenn sie den Anspruch nach demokratischer Erziehung aufrechterhalten will, immer auch Bildungsarbeit sein muss.

Nämlich Selbstbildung der Kinder und Jugendlichen mit und ohne Behinderung durch den Vollzug selbstbestimmter Aneignungsprozesse, die sie in die Lage versetzen, einen eigenen Lebensplan zu schaffen und umzusetzen, indem sie ihre eigene Individualität gemeinsam mit anderen verwirklichen können, wie dies Hans Thiersch beschreibt (vgl. 2012: 93).

Entsprechende Angebote wären beispielsweise Zukunftswerkstätten, innerhalb derer Kinder- und Jugendliche mit und ohne Behinderung konkrete Vorstellungen darüber entwickeln können, wie ihr Leben in zwei, fünf und zehn Jahren aussehen könnte. Szenarien können entwickelt werden, technische, soziale und politische Entwicklungen können in die konkreten Phantasien mit einbezogen werden.

Voraussetzung dafür ist, dass sich die betroffenen Kinder- und Jugendlichen dabei als handlungswirksam erleben und in der Entfaltung ihrer Persönlichkeit unterstützt werden.

Das bedeutet, dass eine solche Zukunftswerkstatt nicht nur „im Geiste" entwickelt wird, sondern dass konkrete Handlungsabläufe stattfinden, indem etwa Modelle einer künftigen Stadt gebaut werden, mit neuester Technologie experimentiert werden kann – beispielsweise in einem „FabLab", also einem „Labor" mit High-Tech-Maschinen wie 3D-Drucker oder elektronischen Stickmaschinen – oder mithilfe von Videotechnik – inklusive elektronischer Schnitt-Technik – ein „Science-Fiction" Film über künftige soziale und kulturelle Umgangsformen gedreht wird.

Inkludierende Kinder- und Jugendarbeit kann zu diesem Zwecke auch jugendkulturelle Angebote entwickeln neben solchen wie dem eingangs beschriebenen einer Musikwerkstatt, Schreibwerkstätten, „Poetry-Slams" oder, Kunstwerkstätten, um nur einige konkrete Angebote zu nennen. Sie ermöglichen ästhetisch expressive Erfahrungen und ragen, mit Thiersch gesprochen, im „Überschuss der Formung und Kultivierung ... über die Lebensnotwendigkeiten" hinaus um Wege in ein „gelingenderes Leben" (ebd.) zu ebnen.

Eine solche inklusive Bildung in der Kinder- und Jugendarbeit sollte sich an dem im ersten Teil referierten, von Rainer Treptow herausgearbeiteten „lebenslaufbezogenen Bildungsverständnis" (2012: 36) orientieren, innerhalb dessen Bildungsprozesse ermöglicht werden, durch welche die selbstzuständigen, sich selbstwirksam fühlenden Kinder und Jugendlichen in die Lage versetzt werden, ihren eigenen Lebenslauf zu gestalten und kritisch zu reflektieren. Ein Bildungsverständnis, in dem nicht Leistungskontrolle sondern die Selbstbestimmung der Kinder- und Jugendlichen mit und ohne Behinderung im Vordergrund steht.

5   Zusammenfassung und Fazit

Mit der vorliegenden Abhandlung wurde – wie einführend erwähnt – beabsichtigt, das von mir 2011 publizierte Konzept einer „Sozialen Arbeit der Ermöglichung" (vgl. Glöckler 2011) durch einen stringenteren theoretischen Hintergrund, einer empirischen Erhebung zu ihrer Umsetzung und der Entfaltung praktischer Ansätze einer inkludierenden Kinder- und Jugendarbeit zu konkretisieren und zu erweitern.

Es wurde zunächst ein theoretischer Hintergrund entfaltet, in dem Ansätze erläutert wurden, welche die empirische Erhebung einerseits und die entfalteten Praxisansätze andererseits theoretisch untermauern können.

Es wurde dabei verdeutlicht, dass eine Soziale Arbeit der Ermöglichung an die Tradition des Konzeptes der lebenswertorientierten Sozialen Arbeit nach Hans Thiersch anknüpft. Die erläuterten Theorieansätze beziehen sich auf die Aneignungstheorie sowie die internationale Unterstützungsdebatte um Agency und den Capability-Approach.

Es wurde zunächst gezeigt, dass ein zentrales Ziel einer Sozialen Arbeit der Ermöglichung darin besteht, einen Beitrag zur Erweiterung von Handlungsfähigkeit und Selbstbestimmungsmöglichkeiten betreuter Akteure/-innen zu leisten.

Dazu wurde auf die von Hans Thiersch, Eberhard Bolay und Maria Bitzan veröffentlichte Studie zur „Stimme der Adressaten" (2006) Bezug genommen, in der das Feld der Auseinandersetzung zwischen den Zielen und Interessen der betreuten Akteure/-innen einerseits und den institutionellen sowie sozialpolitischen Definitionsprozessen andererseits kritisch unter die Lupe genommen wird.

Darauf aufbauend wird mit Eberhard Bolay und Maria Bitzan (2011) verdeutlicht, dass es darum geht, innerhalb der gegebenen Machtstrukturen die Kräfteverhältnisse zugunsten der betreuten Akteure/-innen durch Ermöglichung der Stärkung von Handlungsmächtigkeit („Agency") zu verändern.

Eine solche Stärkung von Handlungsmächtigkeit ist, so wurde gezeigt, zunächst Grundlage und später auch Resultat selbstbestimmter Aneignungsprozesse: die – in geeigneten sozialen Zusammenhängen erreichte – verstärkte Handlungsmächtigkeit der betreuten Akteure/-innen ermöglicht diesen, selbstbestimmte Aneignungsprozesse zu vollziehen. Letztere führen wiederum durch die damit generierte Persönlichkeitsentwicklung zur erneuten Erweiterung von Handlungsmächtigkeit und Handlungsfähigkeit (vgl. Geiger, D. 2016: 43-58).

Neben der klaren Verankerung der Aneignungstheorie im theoretischen Ansatz einer Sozialen Arbeit der Ermöglichung wurde hier auch der Zusammenhang dieses Ansatzes mit dem Konzept der lebensweltorientierten Sozialen Arbeit deutlich: Persönliches Wachstum in einem sozialen Zusammenhang, der Raum für eigene selbstbestimmte Gestaltung lässt und in dem die Akteure/-innen nicht den Verlust ihrer Agency erleiden, weist in die Richtung eines gelingenderen Alltags, wie ihn Hans Thiersch als Zielrichtung von Praxis lebensweltorientierter Sozialer Arbeit beschreibt (vgl. Thiersch, H. 2013: 21 und 2015 a: 394 – 400).

Damit wurde auch der Kern einer Sozialen Arbeit der Ermöglichung herausgearbeitet, nämlich die Ermöglichung von persönlichem Wachstum der betreuten Akteure/-innen als selbstbestimmter Aneignungsprozess durch (Wieder-) Herstellung von Agency.

Als wichtiger Beitrag dazu wurde der zunächst als entwicklungspolitisches Konzept von Amartya Sen konzipierte „Capability Approach" in seiner Bedeutung für Soziale Arbeit holzschnittartig skizziert: Es wurde dargelegt, dass die von Sen so bezeichneten „Functionings" konkrete Handlungen ermöglichen und auf den gegebenen konstituierenden Rahmenbedingungen basieren, während „Capabilities" als Verwirklichungschancen die unterschiedliche zielgerichtete Verknüpfung und Bündelung dieser „Functionings" ermöglichen, was die Wahlfreiheit hinsichtlich der Gestaltung der eigenen Lebenswirklichkeit erlaubt (vgl. etwa Sen, A. 1992: 40).

Kurz angeschnitten wurde auch die Ergänzung durch die US-amerikanische Sozialphilosophin Martha Nussbaum, die aus der Analyse von Lebenssituationen heraus universell gültige grundlegende Voraussetzungen für gutes Leben postuliert (vgl. Nussbaum, M. 2006: 78).

In der Auseinandersetzung mit Sen und Nussbaum, sowie mit der Aufarbeitung der Bedeutung des Capability-Approach für die Soziale Arbeit durch Hans-Uwe Otto (2008), Holger Ziegler (2008 und 2011) sowie Sedmak, Babic, Bauer, Posch (2011) und Ortrud Leßmann (2011) wurde deutlich, dass im Capability-Approach materielle und institutionelle Aspekte gesellschaftlicher Wirklichkeit zu jenen gesellschaftlichen Möglichkeiten in Beziehung gesetzt werden, die individuelle Bedürfnisse einerseits und Handlungsbefähigungen betreuter Akteure/-innen andererseits generieren und das mit Blick auf die „Ermöglichung einer selbstbestimmten Lebenspraxis" (Ziegler, H. 2011: 130).

Diese Formulierung von Anspruch und Zielen einer Sozialen Arbeit der Ermöglichung wurde durch eine Analyse der diesen Zielen entgegenwirkenden gesellschaftlichen und institutionellen Bedingungen ergänzt: der Verlust von Agency und die Begrenzungen von Verwirklichungschancen durch gesellschaftliche und institutionelle Rahmenbedingungen wurden thematisiert.

Die Notwendigkeit, dies auszuleuchten – so wurde deutlich – beruht auf der Tatsache, dass „die Antagonismen zwischen den Gesellschaften und Kulturen" eher zunehmen, „als dass sie sich den Kriterien eines würdigen Lebens beugen würden", wie dies mit Friedhelm Vahsen (2012: 321 f.) konstatiert wurde. Basierend auf eine von Désirée Bender, Tina Hollstein, und Lena Huber (2013) durchgeführten Untersuchung zum Verlust von Agency bei Migranten/ -innen wurden beispielsweise beschränkte Zugangsbedingungen zum Arbeitsmarkt, Verlust von Agency durch bürokratische Auflagen und Restriktionen im Zusammenhang mit Arbeitsprozessen erläutert.

Um für eine Soziale Arbeit der Ermöglichung geeignete Antworten auf diese Begrenzungen zu finden, wurden – unter Bezugnahme auf Michel Foucaults Auseinandersetzung mit „Machtbeziehungen" und „Herrschaftszuständen" – Machtkonstellationen und politische Meinungs- und Willensbildungsprozesse zugunsten von Inklusion und Partizipation untersucht.

Erkannt wurde auf der Grundlage der Analyse Foucaults, dass symmetrische Machtbeziehungen, in denen einer Macht eine Gegenmacht gegenüber steht, sich dann zu asymmetrischen Machtbeziehungen, also zu Zuständen von Herrschaft entwickeln, wenn Machtausübung durch tatsächliche Gewaltausübung sowie/oder strukturelle Gewalt begleitet wird und für alle diejenigen, die nicht herrschen, den Verlust an Agency mit sich bringen. Letztere kann dann auch nicht durch Zuwachs an subjektiven Fähigkeiten oder Fertigkeiten wiederhergestellt werden.

Mit Michel Foucault wurde in diesem Zusammenhang des Weiteren herausgearbeitet, dass häufig auch jene Problemlagen als subjektive erscheinen, die Konsequenz von gesellschaftlich bedingter struktureller Gewalt sind. Diese können – so wurde klar – in der Regel nur auf der Ebene solcher politischer Meinungs- und Willensbildungsprozesse aufgelöst werden, die zur Verbesserung gesellschaftlicher Inklusion und Partizipation führen.

Neben dieser Auseinandersetzung mit gesellschaftlichen Begrenzungen von Verwirklichungschancen und Agency wurden auch durch subjektive Faktoren ausgelöste Begrenzungen unter die Lupe genommen. In diesem Zusammenhang wurde untersucht, wie sowohl der (Wieder-) Erwerb von Agency als auch das Ergreifen von Verwirklichungschancen durch Implementierung geeigneter Aneignungsprozesse ermöglicht werden können. Es wurden in diesem Kontext auf die Ermöglichung der Erschließung von Räumen der Aneignung – und damit von Aneignungsprozessen durch Biografieaufarbeitung in sozialen Vernetzungen – sowie der Entwicklung antizipierter Wege zur Zielerreichung eingegangen.

Dabei ist deutlich geworden, dass Aneignungsprozesse ein

„sozialräumlich-personales Erlebnissetting" konstituieren (Böhnisch L.; Schröer, W. 2013: 1), im sozialen Miteinander in soziale Vernetzungen eingebunden sind (vgl. May, M. 2004: 67f) und damit im Zusammenspiel von individuellem Erleben und sozialer Interaktion persönlichkeitserweiternde Erfahrungen in der entsprechenden Lebenswelt ermöglichen (vgl. Karl August Chassé 2004: 154 f.). Klar wurde auch, dass parallel dazu vorhergehende Erfahrungen strukturiert und „in das biografische Wissensgebäude" integriert werden (Lackner-Pilch A. /Pusterhofer M. 2005: 282).

Im Anschluss daran wurden auf der Grundlage der Lewin'schen Konzeption des psychologischen Lebensraumes innere Begrenzungen herausgearbeitet, welche die Nutzung von Verwirklichungschancen blockieren können, sich aber im wechselseitigen Prozess der Entwicklung antizipierter Wege zur Zielerreichung einerseits und biografischer Aneignung andererseits bearbeiten lassen. Erfolgt diese Bearbeitung aus einer ermutigenden Perspektive heraus, kann – so zeigte sich – ermöglicht werden, dass innerhalb des biografischen Verlaufs zunächst aus dem Aufmerksamkeitsfokus ausgeblendete selbststabilisierende Ereignisse in „unbewusster Vigilanz" (Brüntrup, G., Schwarz, M.: 187) zum Gegenstand eines die Stärkung des Selbstbewusstseins bewirkenden Aneignungsprozesses werden können.

Darüber hinaus wurde klar, dass die differenzierten Aneignungsprozesse durch partizipative Prozesse ergänzt werden sollten, indem durch passende Arrangements der Unterstützung Bedingungen geschaffen werden, durch die sich individuelle und gemeinschaftliche Gestaltungsmöglichkeiten ergeben, die sozialer und kultureller Ausgrenzung entgegenwirken. Solche Bedingungen umfassen auch die Verbesserung der Verfügbarkeit über materielle, kulturelle, symbolische und soziale Kapitalien (vgl. Kessl, F. 2013: 33 ff).

Solche gesellschaftliche Partizipationsmöglichkeiten, zeigte sich, verstärken das „Handeln-Können, das Sich-Bewähren und Sich-Behaupten" sowie die „Nutzung verfügbarer Ressourcen" (Grundmann, M. 2010: 139 f.) und verweisen somit auf die Nutzung von Verwirklichungschancen und die Erlangung von Agency.

Ergänzt wurde der theoretische Hintergrund durch die Klärung der Frage nach einem für Soziale Arbeit der Ermöglichung geeignetem Grundmuster eines Konzeptes von Bildung.

Erläutert wurde auf der Basis der vorher entfalteten Theorie, dass die Grundlage dafür ein selbstbestimmter Aneignungsprozess sein muss, innerhalb dessen kulturelle, soziale und symbolische Ressourcen erschlossen werden und somit Entfaltungspotenziale und Lebenschancen generiert werden können.

In Anlehnung an eine entsprechende Abhandlung Hans Thierschs (2012: 93) wurde ein Bildungskonzept umrissen, innerhalb dessen durch Bildung Handlungsmotivierung generiert wird, indem von den Routinen und Zwängen des Alltags befreite Lebensformen antizipiert werden können, die durch ästhetisch-expressive Erfahrungen im Bildungsprozess in Konturen sichtbar werden.

Dazu, so wurde aus den diesbezüglichen Analysen Rainer Treptows (2012: 22-41) deutlich, ist ein Bildungsverständnis notwendig, dass sich sowohl von einem „rein administrativen" als auch von einem „kognitv-leistungsorientierten" Bildungsverständnis abhebt und Bildung als „Prozess des Selbstzuständig- und Selbstwirksamwerdens" insbesondere durch „Reflexion und Gestaltung des eigenen Lebenslaufs" begreift (35f.).

Auf der Basis dieses theoretischen Hintergrundes erfolgte eine qualitativ-empirische Studie, innerhalb derer die entwickelten Ansätze durch Erfahrungen von sehr gut ausgebildeten und äußerst erfahrenen professionell Tätigen in der Sozialen Arbeit evaluiert und bereichert wurden. Diese Experten/-innen bezogen in Gesprächen ihre jahrzehntelangen Erfahrungen an der Basis und in Führungspositionen reflektierend und bewertend auf die relevanten Theorieansätze.

Das der Studie zugrunde liegende Forschungsdesign basiert auf der „Grounded Theory", die vor allem von Anselm L. Strauss (vgl. Strauss, A. L./ Corbin J. 1996) auf der Grundlage des symbolischen Interaktionismus entwickelt und von Jörg Strübing (2008) differenziert wurde.

Die Gespräche wurden video-dokumentiert, transkribiert und sortiert. Dann wurden zentrale Aspekte zu Grundlagen einer Sozialen Arbeit der Ermöglichung sowie ihrer Umsetzung mosaikförmig herauskristallisiert und auf dem entwickelten theoretischen Hintergrund interpretiert.

Bei der Auswertung der von den Experten/-innen geschilderten Aspekte zur Umsetzung einer Sozialen Arbeit der Ermöglichung lag – mit Blick auf die Diskussion um die praktischen Konsequenzen der UN-Behindertenrechtskonvention – ein gewisser Schwerpunkt auf der Sozialen Arbeit mit Menschen mit Behinderung.

Zunächst ging es darum, die Rahmenbedingungen von Ermöglichung in der Praxis Sozialer Arbeit auszuleuchten und die subjektiven Voraussetzungen seitens der professionellen Akteure/-innen zu klären. Angesprochen wurden hierbei die theoretischen Wissensbestände der professionellen Helfer/-innen mit den daraus resultierenden analytischen Fähigkeiten und dem damit verbundenen Reflexionsvermögen, das Verwirklichungschancen betreuter Akteure/-innen deutlich und vermittelbar werden lässt.

Dazu sollten sich zur Implementierung ermöglichender Unterstützungsformen Ideenreichtum, Kreativität und weite Horizonte gesellen, sowie die Fähigkeit, über eingefahrene Bahnen hinaus zu denken.

Neben diesen subjektiven Voraussetzungen seitens der professionellen Akteure/-innen ging es um die strukturellen Voraussetzungen einer Sozialen Arbeit der Ermöglichung.

Zunächst wurde die Ebene der Institution unter die Lupe genommen: als wichtiges Kriterium erwies sich hierbei die Arbeitsplatzsicherheit der professionellen Akteure/-innen. Es wurde klar dass dann, wenn sich diese selbst in existenziellen Notlagen befinden, ihre emotionale Durchhaltekraft nicht ausreichen kann, um betreute Akteure/-innen bei der Erkenntnis ihrer Verwirklichungschancen, der (Wieder-) Erlangung von Agency, dem Vollzug selbstbestimmter Aneignung oder der Implementierung von Partizipationsprozessen nachhaltig genug zu unterstützen.

Daneben wurde die Organisationskultur angesprochen. Wenn die tradierten, üblichen und erwünschten Formen der institutionellen Hilfs- und Interaktionsprozesse einen starken repressiven und/oder affirmativen Charakter hätten – so die /der entsprechende Experte/-in – würde die Implementierung von Ermöglichungsprozessen stark erschwert.

Dies ergänzend wurden in den Expertengesprächen die strukturellen Voraussetzungen einer Sozialen Arbeit der Ermöglichung auf der gesellschaftlichen Ebene angesprochen. Seitens des/der hier zur Geltung kommenden Experten/in kamen und kommen ausschlaggebende Impulse für Konzepte einer ermöglichenden Sozialen Arbeit von und aus sozialen Bewegungen. Als eines der Beispiele wurde die aus der Studentenbewegung heraus entstandene neue Wohnform der Wohngemeinschaft angesprochen. Diese bot sich als Alternative zu Großheimen für Jugendliche oder Menschen mit Behinderung an, da sie als weniger beengend empfunden werden und individuelle Verwirklichung sowie persönliche Entfaltung weniger beschneiden.

Gegenstand der Expertengespräche waren auch Konzeptionen und Arbeitsformen Sozialer Arbeit, die auf der Basis eines „neuen Bildungsverständnisses" entstanden. Dieses knüpfe, so der/die entsprechende Experte/-in, an Aufklärung und Reformpädagogik an und sei durch folgende Forderungen der Studentenbewegung wieder aktualisiert worden: nach Zugängen zu Bildung auch für sozial unterprivilegierte Schichten, nach Lehr- und Lernformen, welche die Eigenverantwortlichkeit und Teilhabe der Lernenden mehr berücksichtigen und nach Bildungsinhalten, die auf Erkenntnis und Aufklärung zielen.

Da Soziale Arbeit nicht so unmittelbar in gesellschaftliche Selektions- und Allokationsprozesse eingebunden ist wie die Regelschule, konnte – die Expertengespräche interpretierend – konstatiert werden, dass Soziale Arbeit über größere dementsprechende Handlungsspielräume verfügt.

In der Interpretation der Expertengespräche wurde des Weiteren darauf eingegangen, dass innerhalb der vergangenen Jahrzehnte innerhalb der differenzierten Arbeitsfelder Sozialer Arbeit Bildungsangebote entwickelt wurden, die selbstständige Aneignung, Teilhabe sowie Agency ermöglichen und damit auch zur Verbesserung von Verwirklichungschancen beitragen. Es wurde im Zusammenhang der Interpretation der Gespräche postuliert, dass der Gefahr einer Verringerung oder Qualitätsabschwächung dieser Bildungsangebote entgegengewirkt werden sollte. Eine dieser Gefahren könnte – so kristallisierte sich heraus – darin bestehen, dass personelle Ressourcen für emanzipatorische Bildung verloren gehen könnten, wenn Einrichtungen Sozialer Arbeit genötigt werden sollten, Hilfsfunktionen für Institutionen zu übernehmen, die einem kognitiv-leistungsorientierten Bildungsverständnis verpflichtet sind.

Im Rahmen der Auseinandersetzung um personelle und strukturelle Voraussetzungen einer Sozialen Arbeit der Ermöglichung ging es auch um deren Finanzierung. Hierbei gilt es, so wurde aus den Expertengesprächen deutlich, ein Augenmerk auf das Spannungsverhältnis von Funktionszuweisung und professionellem Selbstverständnis zu richten. Letzteres, so konnte herausgearbeitet werden, ist entscheidend für die Interpretation des gesetzlich fixierten Auftrages. Sie kann jene Aspekte in den Fokus setzen, welche die Aufrechterhaltung sozialer Ordnung vor allem in einem integrativen und Kooperation befördernden Kontext sehen. Eine solche Sichtweise, so wurde deutlich, trägt zur bewussten Förderung integrativer Prozesse bei und versucht, gesellschaftliche Verwertbarkeit in die Möglichkeit der Nutzung von Verwirklichungschancen einzubetten.

Ein professionelles Selbstverständnis Sozialer Arbeit, das sich an den hier skizzierten Vorstellungen einer Sozialen Arbeit der Ermöglichung orientiert, erlaubt darüber hinaus, Tendenzen von „Herrschaft" im Sinne Foucaults nicht unreflektiert zu stabilisieren, sondern den betreuten Akteuren/-innen eine Orientierung zu bieten, die sie verfügbare Handlungsspielräume so nachhaltig in Richtung Emanzipation nutzen lässt, dass jene Faktoren, die selbstständige Aneignung, Partizipation, Agency und Nutzung von Verwirklichungschancen ermöglichen, die Oberhand gewinnen.

Weiterhin wurde unter dem Aspekt von Integration und Exklusion untersucht, wo sich Schnittstellen einer Sozialen Arbeit der Ermöglichung mit Politik ergeben und welche ermöglichende Angebote sich entlang dieser entwickeln lassen.

Der/die entsprechende Experte/-in betonte in diesem Zusammenhang, dass die trotz arbeitsmarktpolitischer Barrieren teilweise gelingende Integration von Menschen mit Behinderung in den ersten Arbeitsmarkt einerseits Teilhabemöglichkeiten verbessere, sie aber andererseits teilweise beschämenden und abwertenden Erfahrungen aussetze. Es gelte hierbei – in Zusammenarbeit mit kommunalpolitischen Entscheidungsträgern – Rahmenbedingungen und räumliche Möglichkeiten zu schaffen, die ein von den Interessen der Menschen mit Behinderung gesteuertes Zusammensein möglich mache. Innerhalb dessen könnten sie die beschämenden und abwertenden Erfahrungen in einer Verwirklichungschancen und selbstbestimmte Aneignung generierenden Perspektive aufarbeiten.

Nach Klärung all dieser Voraussetzungen einer Sozialen Arbeit der Ermöglichung wurde unter die Lupe genommen, wie deren Umsetzung konkret aussehen kann, wie also betreute Akteure/-innen den Weg „vom Objekt zu Subjekt" gehen können.

Als erstes Beispiel wurde ein Projekt beschrieben, innerhalb dessen es Menschen mit Behinderung ermöglicht wird, die verantwortliche Aufgabe der Außendarstellung „ihrer" Einrichtung selbst wahrzunehmen. Deutlich wurde dabei der enorme Zuwachs an Handlungsmächtigkeit der betreuten Akteure/-innen.

Die professionellen Sozialpädagogen/-innen müssen dabei, so die/der entsprechende Experte/-in, in der Lage sein, die Stärken der betreuten Akteure/-innen richtig einzuschätzen, bei Überforderungen richtig und angemessen durch gezielte Unterstützung zu reagieren sowie notwendige Lernprozesse so zu strukturieren, dass selbstständige Aneignung gewahrt bleibt.

Ein weiteres beschriebenes ermöglichendes Angebot besteht darin, dass Menschen mit Behinderung die Aufgaben von Referenten/-innen der beruflichen Fortbildung wahrnehmen. Menschen mit Behinderung zu ermöglichen, selbst Bildungsprozesse für andere zu strukturieren ohne diese wiederum in ihrer Selbstverantwortlichkeit dieser Aneignung zu behindern, ist ein weiterer Schritt zusätzlicher Agency. Die Aufgabe der Sozialpädagogen/-innen bestehe hierbei zunächst u.a. darin – so die/der entsprechende Experte/-in – die betreuten Akteure/-innen zu ermutigen, um hinreichend Selbstvertrauen zu generieren. In der Interpretation der Gespräche wurde verdeutlicht, dass dabei ein „lebenslaufbezogenes Bildungsverständnis", wie es Rainer Treptow beschreibt (2012: 36), sehr fruchtbar sein kann. Denn dieses Verständnis regt die Referenten/-innen dazu an – ihren Erfahrungsschatz einbeziehend – auf die von ihnen Ausgebildeten in einer produktiven Empathie einzugehen. Dabei werden Letztere dazu befähigt, erfahrungsbezogene Wissensbestände zu generieren.

Evident wurde, dass die Möglichkeit der Übernahme der Rolle eines/einer Referenten/in durch die Menschen mit Behinderung sowohl für die von ihnen Ausgebildeten als auch für sie selbst eine echte Verwirklichungschance schafft, deren Wahrnehmung mit großer Befriedigung verknüpft ist.

Auch im dritten aufgeführten Beispiel wurde die Bedeutung eines lebenslaufbezogenen Bildungsverständnisses deutlich: es wurde gezeigt, dass es betreuten Akteuren/-innen gelungen ist, ihre teilweise demütigenden Lebenserfahrungen positiv zu wenden und ein vorbildliches Orientierungssystem im öffentlichen Personennahverkehr unter Verwendung eindeutiger Symbole und kennzeichnender Farben für entsprechende Bus-Linien zu entwickeln, das auch für weitere Menschen mit Behinderung ermöglichenden Charakter hat.

Nach Erläuterung einiger gelungener Beispiele wurde auf notwendige Grundhaltungen professioneller betreuender Akteure/-innen zur Verwirklichung einer in der entsprechenden Organisation konzeptionell verankerten Sozialen Arbeit der Ermöglichung eingegangen. Es wurde herausgearbeitet, dass es nach der Vermittlung von Bewältigungskompetenz darum geht, klar umgrenzte Bereiche von Eigenverantwortlichkeit betreuter Akteure/-innen zu schaffen.

Darüber hinaus wurde postuliert, dass die professionell tätigen Sozialpädagogen/-innen die Fähigkeit zu Eigenreflexivität benötigen, welche beispielsweise durch Einzel- und Teamsupervision und/oder durch kollegiale Beratung weiterentwickelt werden kann. Diese Fähigkeit trägt unter anderem dazu bei, eine angemessene professionelle Rolle zu entwickeln. Daneben gilt es eine die Ganzheit der Persönlichkeit betreuter Akteure/-innen Rechnung tragende differenzierte Wahrnehmungsfähigkeit zu entwickeln, vor allem um einen vertrauensvollen Kontakt zu Letzteren aufzubauen.

Zusammenfassend wurden also Eigenreflexivität, differenzierte Wahrnehmung, lebensweltorientiertes Verstehen, Zutrauen und Vertrauen im Kontakt mit den betreuten Akteuren/-innen, Sensibilität für deren Verwirklichungschancen und die Eröffnung sowie das Offen- Halten von Entscheidungsmöglichkeiten als Grundhaltungen und Fähigkeitspotentiale professioneller betreuender Akteure/-innen innerhalb einer Sozialen Arbeit der Ermöglichung herauskristallisiert.

So wurde im empirisch-praktischen Teil dieser Abhandlung durch Klärung von Rahmenbedingungen, Beschreibung von Beispielen, Postulieren von Grundhaltungen und Fähigkeitspotenzialen betreuender Akteure/-innen deutlich, wie eine auf lebensweltorientierter sozialer Arbeit, Aneignungstheorie, Capability-Approach, Agency-Forschung und einem lebenslaufbezogenen Bildungsverständnis basierende Soziale Arbeit der Ermöglichung als eine gegen soziale und strukturelle Entfremdung gerichtete Praxis umgesetzt werden kann.

Die beiden ersten Teile der Abhandlung resümierend kann festgehalten werden, dass das hier zur Diskussion stehende Konzept einer Sozialen Arbeit der Ermöglichung sich als ein im Verständnis der lebensweltorientierten Sozialen Arbeit nach Hans Thiersch agierenden Praxis versteht, die Beiträge der internationalen Unterstützungsdebatte zu Agency und Capability-Approach einerseits und die Aneignungstheorie andererseits einbezieht. Sie hat auf dieser Basis – innerhalb der globalisierten Informations- und Netzwerkgesellschaft mit zunehmenden Mobilitäts- und Flexibilitätsanforderungen, die soziale Zusammenhänge erodieren lassen und persönliche Risiken des Scheitern erhöhen – den Anspruch, den betreuten Akteuren/-innen die Erweiterung individueller und gemeinschaftlicher Handlungsspielräume, das Ergreifen von Verwirklichungschancen sowie die Organisation selbstbestimmter psychischer Aneignung durch Teilhabe an vielfältigen Bereichen gesellschaftlichen Lebens zu ermöglichen.

In einem dritten Teil wurde – Bezug nehmend auf die aus den ersten beiden Teilen resultierenden Erkenntnisse über Voraussetzungen und Möglichkeiten einer Sozialen Arbeit der Ermöglichung und anknüpfend an den beschriebenen exemplarischen Beispielen einer Inklusion ermöglichenden Praxis – erläutert, wie sich im Rahmen einer Sozialen Arbeit der Ermöglichung Inklusion im Arbeitsfeld der Kinder- und Jugendarbeit entfalten lassen kann.

Auf Rudolf Stichweh Bezug nehmend wurde zunächst verdeutlicht, dass gemäß der soziologischen Systemtheorie Inklusion immer auch im Zusammenhang mit Exklusion gesehen werden muss, da Personen von Sozialsystemen in verschiedener Weise kommunikativ einbezogen würden und gesellschaftliche Solidarität – wie die französische Sozialtheorie verdeutliche – gelingen oder scheitern könne (vgl. 2013: 1). Dies wurde auf der Grundlage der im ersten Teil dieser Abhandlung entwickelten theoretischen Rahmung reflektiert.

Der Begriff Inklusion wird dabei für seine Verwendung hier von jenem Verständnis abgegrenzt, innerhalb dessen er im Bereich von jenen Normierungen angesiedelt ist, die „eine hierarchische Struktur machtvoller Instanzen" spiegeln, wie dieses von Uwe Becker (vgl. 2015:13) beschrieben wird. Der hier verwendete Inklusionsbegriff, so wurde deutlich, beinhaltet verfügbare Verwirklichungschancen und deren Nutzung, die Erweiterung sozialer Teilhabe sowie die Steigerung selbstbestimmter Aneignungsprozesse und Handlungsmächtigkeit.

Nach diesem relativ breiten und kritischen Blick auf die Rahmenbedingungen und die inhaltliche Ausgestaltung von Inklusion wurde auf deren mögliche Umsetzung im Arbeitsfeld der Kinder- und Jugendarbeit eingegangen. Zunächst wurde gezeigt, dass inklusive Prozesse in diesem Arbeitsfeld bereits an bestehende Angebote „heterogener Lern- und Erlebniswelten" (Dannenbeck, C./ Dorrance C. 2014:153) anknüpfen können und es wurde exemplarisch ein Beispiel aus dem Bereich der Jugendkulturarbeit mit vielfältigen Verwirklichungsmöglichkeiten und Interaktionsformen vorgestellt.

Es wurde hervorgehoben, dass zur Verwirklichung inklusiver Prozesse in der Kinder- und Jugendarbeit die betreuenden Akteure/-innen zunächst einmal ein Verständnis für die „Reproduktionslogik von Differenz" (ebd.) entwickeln müssen.

Die Reproduktion von Differenz in den eigenen partizipativen Angebotsstrukturen zu verhindern, sollte das Ziel sein. Dazu gehört auch, bei Angeboten, die in der Kooperation mit anderen Institutionen oder Trägern entwickelt werden, die Reproduktion von Differenz auszuschließen.

Es wurde darauf eingegangen, dass beispielsweise die Zusammenarbeit der Kinder- und Jugendarbeit mit der Regelschule immer weiter ausgebaut und institutionalisiert wird. Im Rahmen selbstwertfördernder und durch selbstbestimmte Aneignungsprozesse geprägten Angeboten ist diese Zusammenarbeit sehr begrü-ßenswert. Diesbezüglich wurde in Anknüpfung an den ersten und zweiten Teil dieser Abhandlung darauf eingegangen, dass jene kooperativen Projekte große Chancen echter Inklusion ohne Reproduktion von Differenz in sich bergen, wenn sie von einem „lebenslaufbezogenen Bildungsverständnis" (Treptow, R.2012: 36) geprägt sind.

Es wurde demgegenüber herauskristallisiert, dass Kinder- und Jugendarbeit jenen in Kooperation mit der Schule entwachsenen Angeboten, in denen die Allokations- und Selektionsfunktion der Regelschulen (vgl. Moser, I.; Schneider, R. 2015: 92 und Ritter, S. 2008: 4) und ein „kognitiv-leistungsorientiertes Bildungsverständnis" (Treptow, R. 2012: 35) zum Tragen kommen, eher skeptisch gegenüber stehen sollte. Es wäre sonst nämlich zu befürchten, dass solche Angebote eine „exkludierende Inklusion" (Stichweh, R. 2013: 1 f.) verursachen, indem sie durch selektierende und differenzierende Elemente zur Reproduktion von Differenz führen.

Diese Überlegungen mündeten in einem Postulat, das sich auch schon aus der Auswertung der empirischen Befunde ergab: die in der Kinder- und Jugendarbeit Tätigen sollten innerhalb von Aus-, Fort- und Weiterbildung befähigt werden, ihre eigene professionelle Tätigkeit und deren Voraussetzungen in gesellschaftlicher und politischer Sicht kritisch zu analysieren. Nur unter dieser Voraussetzung ist eine inkludierende Praxis der Ermöglichung umzusetzen.

Dazu gehört es zunächst, im Umgang mit Menschen mit Behinderung zwischen „impairments" – biologisch bedingte Beeinträchtigungen – und „disabilities" – gesellschaftliche Zuschreibungen – unterscheiden zu können.

Des Weiteren ist es notwendig, freie Gemeinschaftsbildung „in der doppelten Frontstellung gegen autoritäre, bevormundende Kollektivismen einerseits und gegen unfreiwillige soziale Ausgrenzungen andererseits" (Bielefeldt, H. 2009: 12) zu begreifen.

Es sollten darüber hinaus physische und mentale Barrieren als Partizipationshindernisse erkannt und Möglichkeiten des Abbaus dieser entwickelt werden können. Dass der Abbau physischer und mentaler Barrieren innovatives Potential für die Weiterentwicklung der Gesellschaft insgesamt enthält, also die Erweiterung von Verwirklichungschancen ermöglicht – sowohl für Menschen mit, als auch für Menschen ohne Behinderung – sollte verstanden werden (vgl. ebd.).

Nicht zuletzt sollte die Kenntnis der praktischen Relevanz der Fachdiskurse zu den Begriffen „Diversity", „Intersektionalität" und „Hybridität" (vgl. Dannenbeck, C./ Carmen Dorrance, C. 2014: 156) vorhanden sein.

Die dadurch mögliche kritische Analyse sollte die Basis dafür bilden, innerhalb einer Inklusion ermöglichenden Kinder- und Jugendarbeit eine akzeptierende und wertschätzende Grundhaltung gegenüber und unter den Kindern- und Jugendlichen zu schaffen.

Auf dieser Grundhaltung aufbauend sollten, so wurde angeregt, persönliche und soziale Verwirklichung ermöglichende Angebote für heterogene Gruppen von Kindern und Jugendlichen konzipiert werden.

Erörtert wurde, dass solche Angebote dazu beitragen können, dass die entsprechende Einrichtung der Kinder- und Jugendarbeit zur funktionalen Bereicherung des sozialen Raumes, in dem sie sich befindet, beiträgt. Andererseits kann dieser soziale Raum wiederum Ressourcen für die Durchführung der Angebote zur Verfügung stellen: Kooperationsmöglichkeiten mit Elterninitiativen, Vereinen, Selbsthilfegruppen, kulturelle Angebote wie Kinos, kleinere Theater, Kneipen mit Life-Musik usw.

Sozialraumorientierung ist somit für eine inkludierende Kinder- und Jugendarbeit im Rahmen einer ermöglichenden Sozialen Arbeit ein zentrales Element.

Als pädagogische Grundlage inklusiver Angebote für heterogene Gruppen, in denen die Verschiedenheit der teilnehmenden Kinder- und Jugendlichen akzeptiert werden, bei deren Wahrnehmung sie weder Diskriminierung noch Hierarchisierung befürchten müssen, stellte sich die Pädagogik Janusz Korczaks, in der Wertschätzung und Akzeptanz im Vordergrund stehen, als geeignet heraus.

Wichtig ist es dabei zunächst, sich den Impulsen und Gefühlen der Kinder und Jugendlichen durch genaues Zuhören und Hinsehen zu nähern, was eine vorurteilsfreie und gleichberechtigte Verständigung ermöglicht. Genaues Beobachten und reflektierende Deutung mit der Erkenntnis ihres Bezugsrahmens ermöglicht pädagogisches Einfühlen in die Kinder und Jugendlichen, was mit der Bereitschaft aus Fehlern zu lernen, einhergehen sollte. So kann es gelingen, ihnen ein hohes Maß an Teilhabe einzuräumen: Ein Kinder- und Jugendparlament bestimmt die Regeln des Umganges miteinander, ein Kollegialgericht mit Kindern und Jugendlichen als Richtern/-innen und Anwälten/-innen ahndet Verstöße dagegen, ein Selbstverwaltungsrat aus Kindern und Jugendlichen trägt zur verantwortlichen Planung und Gestaltung von gemeinsamen Aktionen bei (vgl. Korczak, J. 1999 und Beiner, F. 2012).

Diese pädagogischen Ideen wurden, obgleich nun beinahe 100 Jahre alt, als innovative Grundlage einer Inklusion ermöglichenden Sozialen Arbeit mit Kindern und Jugendlichen eingeschätzt.

Neben diesen pädagogischen Grundlagen integrativer und Partizipation ermöglichender Angebote wurde auf die Basis gegenseitiger Akzeptanz – nämlich der Selbstakzeptanz der an den Angeboten teilnehmenden Kindern und Jugendlichen – eingegangen. Dabei wurde konstatiert, dass ohne letztere eine Soziale Arbeit der Ermöglichung von Inklusion nicht gelingen kann.

Dazu wurde zunächst herausgearbeitet, dass innerhalb der gegebenen gesellschaftlichen Verhältnisse an Kinder und Jugendliche strenge Maßstäbe des „Funktionierens" angesetzt werden und diese daher ein kompliziertes Beziehungssystem zwischen sich und ihrer sozialen Umwelt aufbauen, das die erwünschte persönliche Erscheinung im sozialen Kontext gewährleistet (vgl. Glöckler, U. 2011: 136).

Bezugnehmend auf C.G. Jung, der dieses Beziehungssystem als „Persona" bezeichnet, wurde verdeutlicht, dass es die Persönlichkeit der Kinder und Jugendlichen gegenüber der sozialen Umwelt in einem eindeutigen Licht erscheinen lassen soll, indem nur Teile der gesamten Psyche des Menschen dem sozialen Umfeld präsentiert werden. Die anderen Teile müssen – so wurde auf der Basis Jungs herauskristallisiert – im Inneren des Menschen „verharren". Sie werden deshalb der sozialen Umwelt nicht präsentiert, da sie Aspekte enthalten, die von den betreffenden Kindern und Jugendlichen als persönliche Schwächen empfunden und von Jung als „Schatten" symbolisiert werden (vgl. Jung, C.G. 2001 B: 78-82).

Darauf aufbauend wurde deutlich, dass durch den psychischen Vorgang der „Projektion" eine Vielzahl innerer Vorgänge sozusagen aus der eigenen Psyche hinaus verlegt werden: dadurch können die zum „Schatten" gehörenden eigenen nicht akzeptierten Persönlichkeitsanteile als Teile der Persönlichkeit im entsprechenden Gegenüber entdeckt werden. Das Gegenüber – mit den bei sich selbst nicht akzeptierten „Schwächen" – wird dann nicht mehr akzeptiert. Denn es verkörpert ja genau das, was für sich selbst abgelehnt wird. So führt geringe Selbstakzeptanz durch den psychischen Prozess der Projektion zu geringer Akzeptanz jenes Gegenübers, das zum Ziel der Projektion wurde.

Wertschätzung der Anderen ist also nur durch eigene Wertschätzung möglich. Um sich selbst und damit auch die anderen Kinder und Jugendlichen wertschätzen und akzeptieren zu können, bietet es sich daher an, dass die innerhalb einer Inklusion ermöglichenden Kinder- und Jugendarbeit Betreuten die Stärken vermeintlicher Schwächen bei sich und anderen erkennen können.

Eine gute Möglichkeit dazu, so wurde aufgezeigt, besteht darin, mit den Kindern und Jugendlichen gemeinsam Geschichten zu schreiben, sie beispielsweise als Theaterstück oder als Videofilm szenisch umzusetzen, Songtexte zu entwickeln, Bilder zu gestalten und vieles andere mehr. Wichtig ist dabei, dass auf der Grundlage ihres lebensweltlichen Hintergrundes das Prinzip jenes mythischen Stoffes verarbeitet wird, in dem sich der Wunsch symbolisiert, die nicht akzeptierten Persönlichkeitsanteile des „Schattens" akzeptieren zu können, da genau diese – wie in der mythischen Figur des „Tricksters" – auf geradezu wunderbare Weise nach etlichen Peinlichkeiten und Wirren letztlich doch zum Guten führen (vgl. Jung, C. G. 2001 C: 158-175).

Auf der Basis der daraus resultierenden Erkenntnis der Stärken jener zunächst nicht akzeptierten Persönlichkeitsanteile können Kinder und Jugendliche mit und ohne Behinderung im Rahmen einer Inklusion ermöglichenden Sozialen Arbeit sich aktiv und gemeinschaftlich in gegenseitiger Achtung mit vielfältigen Formen künstlerischer Selbstentäußerung auseinandersetzen und sich selbst gemeinsam mit anderen entsprechend verwirklichen. Dies eröffnet eine große Palette neuer individueller und vor allem inklusiv-kollektiver Handlungsmöglichkeiten.

Ergänzt wurde die vor allem auf individuelle und kollektive Erkenntnisprozesse ausgerichtete Sichtweise durch die Frage nach strukturellen Voraussetzungen. Sie sollten sowohl gegenwärtige Verwirklichungsmöglichkeiten erlauben, als auch die Chancen der zukünftigen Verwirklichung selbst gewählter eigenständiger individueller und gemeinschaftlicher Lebensweisen gewährleisten können.

Dabei wurde auf die Reflexion von Möglichkeiten und Grenzen des Schaffens solcher struktureller Rahmenbedingungen im Zusammenhang mit der Debatte um Agency und dem Capability Approach im ersten Teil dieser Abhandlung rekurriert.

Neben der Frage nach ermöglichenden Strukturen wurde im Zusammenhang mit künftigen Chancen der Verwirklichung der notwendige pädagogische Anspruch thematisiert und festgestellt, dass inkludierende Kinder- und Jugendarbeit immer auch Bildungsarbeit sein muss.

Eine Bildungsarbeit nämlich, in der sowohl die Entwicklung aktueller Fähigkeiten angestrebt wird, als auch die Implementierung von Potentialen künftiger Verwirklichung in struktureller und persönlichkeitsentwickelnder Hinsicht hinreichend Berücksichtigung findet.

Bildungsprozesse – so wurde konstatiert – die Kindern und Jugendlichen mit und ohne Behinderung ein möglichst hohes Maß an Selbstbildung durch den Vollzug selbstbestimmter Aneignungsprozesse ermöglichen, die sie in die Lage versetzen, eine an der Entwicklung ihrer Persönlichkeit orientierte Lebensplanung zu vollziehen und umzusetzen.

Eine Kinder- und Jugendarbeit, welche die partizipativen Anregungen Korczaks aufnimmt, die den beteiligten Kindern und Jugendlichen Handlungsmächtigkeit einräumt, ihnen selbstbestimmte Aneignung erlaubt, Fähigkeiten erweitert und Verwirklichungschancen bereitstellt, kann als inklusive Soziale Arbeit der Ermöglichung dazu beitragen, einen Teil der gesellschaftlichen Herausforderungen der Gegenwart und der nahen Zukunft zu bewältigen.

Dazu ist es aber unbedingt erforderlich, dass sich sowohl auf der politischen Ebene, als auch seitens der jeweils zuständigen administrativen Organe in Organisationen, Trägern und Institutionen die Bereitschaft findet, die Finanzierung der dafür notwendigen Qualifizierungen (sozial-) pädagogischer Betreuer/-innen in Aus-, Fort- und Weiterbildung zu sichern sowie ein für gute Betreuung hinreichendes zahlenmäßiges Verhältnis zwischen betreuenden und betreuten Akteuren/-innen durch entsprechende Personaletats zu gewährleisten.

Quellenverzeichnis

I. Bücher und Zeitschriften

Alicke, Tina / Eichler, Antje 2015: Kinder und Jugendliche – Teilhabe in der Schule. In: AWO Arbeiterwohlfahrt Bundesverband e.V. Institut für Sozialarbeit und Sozialpädagogik e.V.(Hrsg.), *Inklusive Gesellschaft – Teilhabe in Deutschland*. Baden-Baden, S. 85-110

Bender, Désirée/ Hollstein, Tina/ Huber, Lena 2013: Migration, Armut und Agency – Empirische Beispiele und methodologische Reflexionen. In: Graßhoff, Gunther (Hrsg.): *Adressaten, Nutzer, Agency – Akteursbezogene Forschungsperspektiven in der Sozialen Arbeit*. Wiesbaden, S. 255-273

Beck, Anneka / Lohmann, Anne / Hensen, Gregor / Maykus, Stephan / Wiedebusch, Silvia 2015: Inklusive Bildung in Kindertageseinrichtungen und Grundschulen, In: *neue praxis, Zeitschrift für Sozialarbeit, Sozialpädagogik und Sozialpolitik*, Heft 1: S. 37-52

Becker, Uwe 2015: *Die Inklusionslüge. Behinderung im flexiblen Kapitalismus*. Bielefeld

Bhabha, Homi K. 2000: *Die Verortung der Kultur*. Tübingen.

Bielefeldt, Heiner 2009: *Zum Innovationspotenzial der UN-Behindertenrechtskonvention. Essay Nr. 5 des Deutschen Instituts für Menschenrechte*, 3. aktualisierte und erweiterte Auflage. Berlin

Bitzan, Maria/ Bolay, Eberhard/ Thiersch, Hans 2006: *Die Stimme der Adressaten. Empirische Forschung über Erfahrungen von Mädchen und Jungen mit der Jugendhilfe*. Weinheim und München

Bitzan, Maria,/ Bolay, Eberhard 2013: Konturen eines kritischen Adressatenbegriffs. In: Graßhoff, Gunther (Hrsg.): *Adressaten, Nutzer, Agency – Akteursbezogene Forschungsperspektiven in der Sozialen Arbeit*, Wiesbaden, S. 35-52

Böhnisch, Lothar 2011: Lebenslagenkonzept und Capability Approach. In: *neue praxis, Sonderheft 10*: Thiersch, Hans / Treptow, Rainer (Hrsg.): Zur Identität der Sozialen Arbeit – Positionen und Differenzen in Theorie und Praxis. Januar 2011: S. 70-74

Breitenstein, Peggy H. 2013: *Die Befreiung der Geschichte. Geschichtsphilosophie als Gesellschaftskritik nach Adorno und Foucault*. Frankfurt am Main.

Brüntrup, Godehard / Schwartz, Maria 2012:Motivation und Verwirklichung des autonomen Selbst In: Brüntrup, Godehard / Schwartz, Maria (Hrsg.): *Warum wir handeln – Philosophie der Motivation*. Stuttgart, S. 175-200

Chassé, Karl August 2004: Aneignungsstrukturen von benachteiligten Kindern. In: Deinet, Ulrich/ Reutlinger, Christian (Hrsg.): *„Aneignung" als Bildungskonzept der Sozialpädagogik*. Wiesbaden, S.148-160

Dannenbeck, Clemens / Dorrance, Carmen 2014: Der Inklusionsdiskurs und die (Offene) Kinder- und Jugendarbeit. Vom Diskursanlass zur Reflexion von Vielfalt und Differenz. In: *neue praxis, Zeitschrift für Sozialarbeit, Sozialpädagogik und Sozialpolitik*, Heft 2, S.150-157

Deinet, Ulrich. 2004: „Spacing", Verknüpfung, Bewegung, Aneignung von Räumen als Bildungskonzept sozialräumlicher Jugendarbeit. In: Deinet, Ulrich /Reutlinger, Christian (Hrsg.) *„Aneignung" als Bildungskonzept der Sozialpädagogik. Beiträge zur Pädagogik des Jugendalters in Zeiten entgrenzter Lernorte*. Wiesbaden: VS Verlag, S. 175-190

Deinet, Ulrich 2014: Raumaneignung Jugendlicher zwischen Schule, Mc Donald's und der Shopping mall. In: Deinet, Ulrich / Reutlinger, Christian (Hrsg.) *Tätigkeit – Aneignung – Bildung. Positionierungen zwischen Virtualität und Gegenständlichkeit*. Wiesbaden, S. 215-232

Dörner, Dietrich 1989: *Die Logik des Misslingens: strategisches Denken in komplexen Situationen*. Reinbek

Geiger, Dorothee 2016: *Handlungsfähigkeit von geduldeten Flüchtlingen. Eine empirische Studie auf der Grundlage des Agency-Konzeptes*. Wiesbaden

Giddens, Anthony (1997): *Die Konstitution der Gesellschaft*. 3.Aufl. Frankfurt (Main)/ New York: Campus

Glöckler, Ulrich 1988: *Aneignung und Widerstand. Eine Feldstudie zur ökologischen Pädagogik*. Stuttgart

Glöckler, Ulrich 1999: Pädagogische Grundlagen von Konzeptionen in der Jugendkulturarbeit im Rahmen offener Jugendarbeit. In: *neue praxis, Zeitschrift für Sozialarbeit, Sozialpädagogik und Sozialpolitik*, Heft 3, S. 246-272

Glöckler, Ulrich 2011: *Soziale Arbeit der Ermöglichung. „Agency"-Perspektiven und Ressourcen des Gelingens*. Wiesbaden

Graßhoff, Gunther 2013: Adressaten, Nutzer, Agency – Akteursbezogene Forschungsperspektiven in der Sozialen Arbeit. In: Graßhoff, Gunther (Hrsg.): *Adressaten, Nutzer, Agency – Akteursbezogene Forschungsperspektiven in der Sozialen Arbeit.* Wiesbaden S. 9-15

Grundmann, Matthias 2010: Handlungsbefähigung – eine sozialisationstheoretische Perspektive. In: Hans-Uwe Otto, Holger Ziegler (Hrsg.) *Capabilities – Handlungsbefähigung und Verwirklichungschancen in der Erziehungswissenschaft.* 2. Auflage. Wiesbaden S. 131-142

Grunwald, Klaus 2014: Qualitätsmanagement als methodisch gestütztes und auf Kriterien bezogenes Konzept. In: Bolay, Eberhard / Iser, Angelika / Weinhardt, Marc (Hrsg.): *Methodisch Handeln – Beiträge zu Maja Heiners Impulsen zur Professionalisierung der Sozialen Arbeit.* Wiesbaden S. 118-131

Gummich, Judy 2004: Schützen die Antidiskriminierungsgesetze vor mehrdimensionaler Diskriminierung? Oder: Von der Notwendigkeit die Ausgeschlossenen einzuschließen. In: Antidiskriminierungsnetzwerk des Türkischen Bundes in Berlin-Brandenburg (Hrsg.): *QUEbERlin. Mehrfachzugehörigkeit als Bürde oder Chance? – Die Gesichter des Queer-Seins und Migrantin/Schwarz-Seins.* Berlin S. 6-16

Herber, Hansjörg/ Vasarhelvyi, Eva 2002: Lewins Feldtheorie als Hintergrundparadigma moderner Motivations- und Willensforschung. In: *Salzburger Beiträge zur Erziehungswissenschaft,* 6 (I), Jahrgang 2002 S.1-63

Homfeldt, Hans G./ Schröer, Wolfgang/ Schweppe Cornelia (Hrsg.) 2008: *Vom Adressaten zum Akteur. Soziale Arbeit und Agency.* Leverkusen-Opladen

Jung, Carl Gustav 2001 A: *Die Psychologie der Übertragung.* C.G. Jung-Taschenbuchausgabe in elf Bänden. Herausgegeben von Lorenz Jung auf der Grundlage der Ausgabe „Gesammelte Werke". München

Jung, Carl Gustav 2001 B: *Die Beziehung zwischen dem Ich und dem Unbewussten.* C.G. Jung-Taschenbuchausgabe in elf Bänden. Herausgegeben von Lorenz Jung auf der Grundlage der Ausgabe „Gesammelte Werke". München

Jung, Carl Gustav 2001 C: *Archetypen.* C.G. Jung-Taschenbuchausgabe in elf Bänden. Herausgegeben von Lorenz Jung auf der Grundlage der Ausgabe „Gesammelte Werke". München

Kessl, Fabian 2013: Teilhabe. Die Vermeidung von Ausgrenzung als zivilgesellschaftliche Gemeinschaftsaufgabe. In: Spatschek, Christian / Wagenblass, Sabine (Hrsg.): *Bildung, Teilhabe und Gerechtigkeit. Gesellschaftliche Herausforderungen und Zugänge Sozialer Arbeit.* Weinheim und Basel S. 30 – 53

Korczak, Janusz 1999: *Sämtliche Werke, editiert von Friedhelm Beiner und Erich Dauzenroth: Band 4., bearbeitet und kommentiert von Friedhelm Beiner und Silvia Ungermann.* 1. Aufl. Gütersloh

Kostof, Spiro 1993: *Die Anatomie der Stadt. Geschichte städtischer Strukturen.* Frankfurt/ Main

Kuhl, Julius 2010: *Lehrbuch der Persönlichkeitspsychologie,* Göttingen

Lacker-Pilch, Angela/ Pusterhofer, Martina 2005: Gestaltung. In: Kessl, Fabian/ Reutlinger, Christian/Maurer, Susanne/Frey, Oliver (Hrsg.): *Handbuch Sozialraum,* Wiesbaden S. 279-293

Langhanky, Michael 2004: Beobachtungen eines Schmetterlings: Janusz Korczak und das pädagogische Tagebuch. In: Ungermann, Silvia/Brendler, Konrad (Hrsg.): *Janusz Korczak in Theorie und Praxis.* Gütersloh

Leßmann, Ortrud 2011: Verwirklichungschancen und Entscheidungskompetenz. In: Sedmak, Clemens/ Babic, Bernhard/ Bauer, Reinhold/ Posch, Christian (Hrsg.) 2011: *Der Capability-Approach in sozialwissenschaftlichen Kontexten. Überlegungen zur Anschlussfähigkeit eines entwicklungspolitischen Konzepts.* Wiesbaden, S. 53-73

Marotzki, Winfried 1999: Forschungsmethoden und -methodologie der erziehungswissenschaftlichen Biographieforschung. In: Krüger, Heinz-Hermann/ Marotzki, Winfried (Hrsg.): *Handbuch erziehungswissenschaftliche Biographieforschung.* Opladen S. 109-133

May, Michael 2004: Aneignung und menschliche Verwirklichung. In: Deinet, Ulrich/ Reutlinger, Christian (Hrsg.): *„Aneignung" als Bildungskonzept der Sozialpädagogik.* Wiesbaden S. 49-69

Moser, Irene und Schneider, Robert 2015: Diskussionsbeitrag zur Debatte der DGfE „Inklusion als Herausforderung für die Erziehungswissenschaft". In: *Erziehungswissenschaft. Mitteilungen der Deutschen Gesellschaft für Erziehungswissenschaft (DGfE)* Heft 51; 26. Jahrgang 2015: S. 91-92

Nussbaum, Martha 2006: *Frontiers of Justice. Disability, Nationality, Species Membership,* Cambridge/London: Belknap

Otto, Hans-Uwe/ Ziegler, Holger 2008 (Hrsg): *Verwirklichungschancen und Befähigungsgerechtigkeit in der Erziehungswissenschaft. Zum sozial-, jugend- und bildungstheoretischen Potential des Capability Approach.* Opladen

Reutlinger, Christian 2008: *Raum und soziale Entwicklung. Kritische Reflexion und neue Perspektiven für den sozialpädagogischen Diskurs.* Weinheim und München

Ritter, Simone 2008: *Lebensraum Schule. Möglichkeiten, das Wohlbefinden von Kindern in Schulen zu verbessern.* Hamburg

Schrapper, Christian 2014: Durchblicken und verstehen, was der Fall ist? Zur „Unendlichen Geschichte" der Kontroversen um eine sozial(pädagogische) Diagnostik. In: Bolay, Eberhard/ Iser, Angelika/ Weinhardt, Marc (Hrsg.): *Methodisch Handeln – Beiträge zu Maja Heiners Impulsen zur Professionalisierung der Sozialen Arbeit.* Wiesbaden S. 61-75

Sedmak, Clemens/ Babic, Bernhard/ Bauer, Reinhold/ Posch, Christian (Hrsg.) 2011: *Der Capability-Approach in sozialwissenschaftlichen Kontexten. Überlegungen zur Anschlussfähigkeit eines entwicklungspolitischen Konzepts.* Wiesbaden

Sen, Amartya 1985: *Commodities and Capabilities.* Amsterdam

Sen, Amartya 1985: Well-Being, Agency and Freedom: The Dewey Lectures 1984. In: *The Journal of Philosophie,* 82, S. 169-221.

Sen, Amartya 1987: *The Standard of Living.* Cambridge University Press, Cambridge

Sen, Amartya 1988: Freedom of Choice, Concept and Content. In: *European Economic Review* 32

Sen, Amartya 1992: *Inequality Re-examined.* Clarendon Press, Oxford.

Sen, Amartya 2009: *The Idea of Justice. Cambridge,* Mass.: Harvard University Press

Spatschek, Christian 2014: Aneignungsprozesse gestalten und begleiten. Methodische Zugänge im sozialräumlichen Kontext. In: Deinet, Ulrich/ Reutlinger, Christian (Hrsg.) *Tätigkeit – Aneignung – Bildung. Positionierungen zwischen Virtualität und Gegenständlichkeit.* Wiesbaden, S. 113-124

Storch, Maja/ Kuhl, Julius 2012: *Die Kraft aus dem Selbst.* Bern

Strauss, Anselm/ Corbin, Juliet 1996: *Grounded Theory. Grundlagen qualitativer Sozialforschung.* Weinheim. Deutsche Ausgabe von: Basics of Qualitative Research: Grounded Theory Procedures and Techniques, 1990: Sage Publications, Inc. Aus dem Amerikanischen übersetzt von Solveigh Niewiarra und Heiner Legewie.

Strübing, Jörg 2008: *Grounded Theory: Zur sozialtheoretischen und epistemologischen Fundierung des Verfahrens der empirisch begründeten Theoriebildung.* Zweite überarbeitete und erweiterte Auflage. Wiesbaden

Thiersch, Hans 2012: Gutes Leben im Konzept des gelingenderen Alltags. In: Otto, Hans Uwe / Ziegler, Holger (Hrsg.) *neue praxis Sonderheft 11*: Das Normativitätsproblem der Sozialen Arbeit S. 90-94

Thiersch, Hans 2013: AdressatInnen der Sozialen Arbeit. In: Graßhoff, Gunther (Hrsg.): *Adressaten, Nutzer, Agency – Akteursbezogene Forschungsperspektiven in der Sozialen Arbeit*. Wiesbaden S. 18-32

Thiersch, Hans 2015 a: *Soziale Arbeit und Lebensweltorientierung: Konzepte und Kontexte. Gesammelte Aufsätze Band 1*. Weinheim

Thiersch, Hans 2015 b: *Soziale Arbeit und Lebensweltorientierung: Handlungskompetenz und Arbeitsfelder. Gesammelte Aufsätze Band 2*. Weinheim

Treptow, Rainer 2012: *Wissen, Kultur, Bildung. Beiträge zur Sozialen Arbeit und Kulturellen Bildung*. Weinheim und Basel

Vahsen, Friedhelm G. 2012/2013: Capabilities Approach – Zentrales Paradigma oder eklektizistischer Moralkodex? – Widersprüche und Grenzen. In: neue praxis, Zeitschrift für Sozialarbeit, Sozialpädagogik und Sozialpolitik Heft 3 Jg. 2012, S. 309-325. Erschienen auch in: Graf, Gunter/Kapferer, Elisabeth/Sedmak, Clemens (Hrsg): *Der Capability Approach und seine Anwendung. Fähigkeiten von Kindern und Jugendlichen erkennen und fördern* (2013). Wiesbaden S. 97-123

Verein der Kindernöte e.V. in Köln-Chorweiler 2011, *Rundbrief Sommer 2011*. Köln

Weißbach, Barbara 2011: *Managing Diversity – Konzepte, Fälle, Tools*. 2. Auflage Dortmund

Winkler, Michael 2014: Inklusion – Nachdenkliches zum Verhältnis pädagogischer Professionalität und politischer Utopie. In: *neue praxis, Zeitschrift für Sozialarbeit, Sozialpädagogik und Sozialpolitik*, Heft 2: S.108-123

Wirth, Jan Volker 2014: Die soziologische Systemtheorie und der Capability-Approach: Synergien für eine Theorie der Lebensführung in der Sozialen Arbeit? In: *neue praxis, Zeitschrift für Sozialarbeit, Sozialpädagogik und Sozialpolitik*, Heft 6: S. 533-546.

Ziegler, Holger 2011: Soziale Arbeit und das gute Leben – Capabilities als sozialpädagogische Theorie. In: Sedmak, Clemens / Babic, Bernhard / Bauer, Reinhold / Posch, Christian (Hrsg.): *Der Capability-Approach in sozialwissenschaftlichen Kontexten. Überlegungen zur Anschlussfähigkeit eines entwicklungspolitischen Konzepts*, Wiesbaden, S. 117-137

II. Internetquellen

Beiner, Friedhelm 2012: *Janusz Korczak – Pädagoge und Vorbild*. Vortrag beim Landeskirchlichen Arbeitskreis Juden und Christen in Berlin am 25.05.2005. Verfügbar unter:
http://www.ekbo.de/files/J_K_Paedagoge_und_Vorbild_25_5_2012_Beiner.pdf
Datum des Zugriffs 14.07.2015

Böhnisch, Lothar/ Schröer, Wolfgang 2013: *Soziale Räume im Lebenslauf.* Verfügbar unter: URL:http://www.sozialraum.de/soziale-raeume-im-lebenslauf.php
Datum des Zugriffs: 11.06.2013

Dorrance, Carmen / Dannenbeck, Clemens 2009: Inklusion als Perspektive (sozial)pädagogischen Handelns – eine Kritik der Entpolitisierung des Inklusionsgedankens. In: *Zeitschrift für Inklusion*, [S.l.], Okt. 2009. ISSN 1862-5088. Verfügbar unter: http://www.inklusion-online.net/index.php/inklusion-online/article/view/161/161, Datum des Zugriffs: 14.07.2015

Foroutan, Naika / Schäfer, Isabel: *Projektbeschreibung „Hybride europäisch-muslimische Identitätsmodelle".* Verfügbar unter: http://www.heymat.hu-berlin.de
Datum des Zugriffs 26.12.2014

Heinzel, Friederike / Prengel, Annedore 2012: Heterogenität als Grundbegriff inklusiver Pädagogik. In: *Zeitschrift für Inklusion*, [S.l.], Dez. 2012. ISSN 1862-5088. Verfügbar unter:
http://www.inklusion-online.net/index.php/inklusion-online/article/view/39/39.
Datum des Zugriffs: 14 Juli 2015.

Stichweh, Rudolf 2013: Inklusion und Exklusion in der Weltgesellschaft – am Beispiel der Schule und des Erziehungssystems. In: *Zeitschrift für Inklusion*, [S.l.], Apr. 2013. ISSN 1862-5088. Verfügbar unter:
http://www.inklusion-online.net/index.php/inklusion-online/article/view/22/22.
Datum des Zugriffs: 14 Juli 2015.

The manufacturer's authorised representative in the EU is Springer
Nature Customer Service Centre GmbH, Europaplatz 3, 69115 Heidelberg,
Germany. If you have any concerns regarding our products, please
contact ProductSafety@springernature.com

Printed and bound by CPI Group (UK) Ltd, Croydon, CR0 4YY
27/04/2026
02097652-0011